新世界

西野亮廣

はじめに

ベランダの目の前には通天閣があって、下を見ればヤクザとホームレスと、身体を売っている年齢性別不詳の何者かが立っている。

道端では、折り目がついた先週の週刊誌が売られていたり、靴が片方だけ売られていたり。

地面に置かれたシルクハットに投げ銭をすると、気の利いた小噺を披露してくれる自称芸人の風来坊もいた。

『新世界』という街だ。


「1年で売れなかったら芸人を辞める」と言って、高校卒業と同時に兵庫県の田舎町を飛び出し、この街で独り暮らしを始めた。

503号室の玄関には油性ペンで『エドウィン』と落書きがされている。家賃は4万円。

家賃を滞納した時は、近所のポルノ映画館の二階に直接払いに行った。

あそこが大家さんの事務所だったのかな？

実家はサラリーマン家庭で、兄ちゃんと姉ちゃんとボクと弟の四人きょうだい。

上の子二人を大学に放り込んだ西野家には、もはや仕送りをする余力なんて残っちゃいない。

アルバイトには時間を使いたくなかったので、高校時代に貯めていた僅かな貯金で食い繋いでいくしかない。

地元の仲間が「つらくなったら、いつでも帰って来いよ」と盛大に送り出してくれたけど、盛大に送り出してくれた手前、結果を出すまでは帰れない。

だけど、テレビから流れてくる『東京』は、ずっと遠くて、今いる場所から続いているとは思えなかった。

19歳のボクは、吉本興業の養成所で出会った梶原雄太君と『キングコング』という漫才コンビを結成し、すべての時間を「お笑い」に費やした。

先輩の誘いも断って、血が出るほど漫才のネタを書き続けた。

「質」はさておき、誰よりも「量」を書いた。

ネタを書き終われば、朝の4時だろうが5時だろうが梶原君を呼び出して、そこから20時間ブッ通しでネタ合わせすることも珍しくない。

眠そうにしている彼にブチギレたことが何度もある。

人として未熟だったし、必死だった。


劇場の出番が終わると、真っ直ぐ家に帰った。

付き合いの悪いボクに対して、先輩方が快く思っていないことには気づいていた。

目の前にいる先輩方は、学生時代から毎週テレビで観ていたボクのヒーローで、その人達から「西野ってイタイなぁ」と言われた時は、それなりにショックを受けた。

それでも、やっぱり真っ直ぐ家に帰ってネタを書いた。

早く売れたかったんだよね。


仲間に夢を語って田舎を飛び出したものの、実際のところは、何者にもなれないまま終わってしまいそうな不安に毎日襲われていて、あと少しでもこの場所にいると、まもなく未来が翳り始めるような気がして。

とにかく、ここから抜け出したかった。


ラッキーなことに、努力の成果は少年漫画みたいに出た。

養成所の在学中にＮＨＫの漫才コンテストの大賞をいただいて、1年目で関西の漫才コンクールを総ナメして、20歳の頃に東京で『はねるのトびら』という深夜番組がスタートした。


そこから、さらにガムシャラに働いた。

毎日、早朝からド深夜まで番組やイベントに出演。

分刻みのスケジュール。

睡眠時間は一日1〜2時間。

ベッドで寝られる日なんて稀で、大体は新幹線かロケバスの椅子の上。

移動時間を利用して、寝ていたのか、気絶していたのか。

そんな中、漫才の新ネタは週に4〜5本おろして、ショートコントは毎月20本おろした。

毎日のようにネタ番組や新ネタを披露する舞台があるのに、すぐに売れたボクらには、先輩方のようにネタのストックが無かったんだ。

スピード出世も考えもんだ。

もちろん新ネタを書く時間なんて用意されちゃいない。

番組でVTRを観ている間や、漫才の出番中に、頭の中で次のネタを書いていた。

お粗末だよね。

芸歴10年近い先輩方が劇場で何年も叩いて仕上げた鉄板ネタと、昨日まで高校生だったヤツが突貫工事で作ったネタが同じ商品棚に並べられるんだ。

そんなの、勝てっこないじゃない。

2年目でM-1グランプリの決勝の舞台に立ったが、恥ずかしいぐらい負けた。


テレビ出演にしてもそう。

右も左も分からず、共演者との関係性も、MCのノウハウも、エピソードトークのストックも無い。

話を振っては無視されて、話を振られてはタジタジ。

何の経験もない20歳そこそこが、無駄に「エリート」と紹介され、期待値ばかりを上げられて、空振りの連続。

「エリートのワリに面白くないね」

「司会が下手くそ」

散々、言われたな。

ちょっと待ってくれよ、昨日まで高校生だぜ。

だけど世間は容赦ない。

毎日毎日、負け続けた。


その頃、梶原君は頭に10円ハゲをたくさん作っていた。

精神的に追い込まれ、本番が始まっているのにトイレから出てこない日もあったし、突然発狂することもあった。

次第に、まともに会話ができなくなっちゃって、ついに全ての仕事を投げ捨て、失踪した。


行方不明になってから3日目。

関西のカラオケボックスで見つかった梶原君は、ひどく怯えていて、もう完全に壊れていた。

とても、仕事なんてできる状態じゃなかった。

会話にならないどころか、声が届いていないんだ。

一緒にバカをして、一緒に未来を見た相棒が、ブッ壊れちゃった。

なんで、こんなことになっちゃったのかな。

いや、違うな。

日に日に潰れていく梶原君に気づいていながら、フォローしてやることができなかったボクの責任だ。

でも、ボクもいっぱいいっぱいだったんだよ。


梶原君が生きていてくれたことが唯一の救いだった。

その日にキングコングの無期限活動休止が決定。

一日で全ての仕事を失った。


ボクが一人で活動をして、もしそれが軌道に乗ってしまったら、いよいよ梶原君は帰ってこれなくなってしまう。

マネージャーと話し合って、一人での活動はやらないことにした。

「自宅待機」というヤツだ。

この「自宅待機」は、いつまで続くんだろう？
梶原君は戻ってくるのかな？
もう戻ってこないかもしれない梶原君を、ボクはいつまで待つのかな？
重い闇がまとわりついて、まるで先が見えない。
だけど、もし梶原君が戻ってくるようなことがあったら、今度はもう負けたくないな。

自宅にこもって、ネタを書き続けた。
メモ帳を片手に、朝から晩までテレビにかじりついて、先輩方の芸を盗み続けた。
なるほど、テレビって、こうやって戦うんだ。
それにしても眩しいな。
もう一度、あそこに戻りたいな。

活動休止から3ヶ月。

梶原君から連絡があった。

全ての情報をシャットアウトしていた梶原君に、梶原君の母ちゃんが言ったそうだ。

「西野君、まだ、あんたのことを待ってるで。あんた、このままでええんか？」

梶原君は、「西野は、もうとっくに一人で活動している」と思っていたみたいで、まさか自分のことを待っているなんて思ってなかったらしい。

置いていくわけないじゃないか。

ボク、漫才がしたいんだから。

3ヶ月ぶりに梶原君と会った。

「ごめん！　俺、とり返しのつかないことをしてもうた。ごめん！

ホンマ、ごめんっ！」

梶原君は何度も何度も頭を下げたけど、全然問題ない。
もう大丈夫。ホントに大丈夫だから。
もう一回、やり直そう。
大丈夫、いけるよ。

次の日、キングコングの活動が再開した。
まずは御迷惑をおかけした各仕事先への謝罪行脚。
そして、いただいたお仕事と一つずつ一つずつ丁寧に向き合って、
着実に仕事を増やしていった。

ボクは25歳になった。
『はねるのトびら』はゴールデンタイムに進出。
まもなく、日本一視聴率をとる番組に成長した。
各局で冠番組もいただいた。
「超」が付くほどの売れっ子芸人だ。

裏側を知らない人から見ると、絵に描いたようなサクセスストーリーだった。
チヤホヤされたし、生活も良くなった。
25歳ではできないような経験をたくさんさせてもらった。
まわりが羨むような状況だったと思う。

でも、そこは、新世界のボロマンションから見ていた未来じゃなかった。

その山を登れば景色が広がるものだと信じて、誰よりも努力をして登ってみた。
だけど、そこから見えた景色は、タモリさんや、たけしサンや、さんまサン、ダウンタウンさん、ナインティナインさん…といった先輩方の背中だった。

彼らのことをまるで追い抜いていなかったし、一番の問題は、追い抜く気配が無かったことだ。


梶原君とボロボロになって、ようやく辿り着いた先がココ？

やれることは全部やったハズだ。

なんで突き抜けてないんだろう。

どこで道を間違ったんだろう。


世間の皆様は「身の程を知れ」って言うかもしれないけど、芸を生業にする人間として、彼らは当然ライバルだ。

ボクがこの位置に落ち着いてしまうと、ボクのことを信じて応援してくれているファンやスタッフに申し訳が立たない。

自分のことを応援してくれている人には、せっかくなら誰よりも大きな夢を見させてやりたい。

そう思うのは間違ってるかな？


それに、身の程に合わせて活動してしまったら、いつまでたっても未来が始まらないじゃないか。

ボクは、「どうして今の自分に、芸能界のトップを走る先輩方を追い抜く気配が備わっていないのか？」を考えてみることにした。

まさかここで、『才能が無かった』という生ぬるい結論を出すつもりはない。

『才能』なんて努力と環境でいくらでも作り出せる。

ボクが彼らを追い抜いていない（追い抜く気配が無い）原因は、『才能』とは別のところにあった。

その当時のボクが走っていたレールというのは、タモリさんや、たけしサンや、さんまサンといった先輩方が、もともと何も無かった世界に敷いてくださったレールだ。

当然、そのレールを走ると、最終的には、最初にレールを敷いた人間の背中を押す作業に入る。
「『踊る！さんま御殿‼』で結果を出せば出すほど、さんまサンの寿命が伸びる」という構造だ。

ファミコンで喩えると、『ドラゴンクエスト』や『ファイナルファンタジー』といったソフトを作れば作るほど、ファミコン本体（ハード）を作っている任天堂にポイントが入るって感じかな。

真剣に先輩方を抜く気なら、ファミコンの人気ソフトを作る競争をしていてはダメで、彼らとは別のゲーム（たとえばプレステ）のハードとソフトの両方を作り、世間の目をそのゲームに向ける必要があると結論した。

そこで。
まだタモリさんや、たけしサンや、さんまサンといった先輩方が足を踏み入れていない世界に出てみることにした。

芸能界の外だ。


「誰の足跡もない土地を歩こう」

25歳という若さが後押ししてくれた。

だけど、そう簡単にはいかない。

この人生は、何度落ちても気が済まないらしい。


何の後ろ盾も無く外に飛び出すと、先輩方や同期の芸人や世間の皆様から執拗なバッシングを浴びた。

スピード出世で嫉妬も買っていたから、ここぞとばかりに。

もしかするとキミも一度は耳にしたことがあるかもしれないね。


一時期は、バラエティー番組をつければ、「芸人なのにひな壇に出ないキンコン西野」をネタにした欠席裁判が繰り返されていた。

それは芸人の「愛情表現」だったのかもしれない。

ただ、それはイジっている側の理屈で、それが欠席裁判だと、ボクには歪んで伝わってくる。

そして、なにより、その番組を観た視聴者からの同調圧力が止まらない止まらない。


「調子に乗るな」

「ざまあみろ」

「空気を読め」

「死ね」

こんな言葉が毎日数百~数千件届いた。

そして、アンチの人達は「ひな壇に出ろよ」の大合唱。

へ？　ボクをテレビで観たいの？　どっち？

もうワケが分からない。

ボクを叩くことが目的になっていた。


被害妄想なんかじゃなくて、事実、この国で、キングコング西野を叩くことが流行った時期があった。

病的とも言えるほどに。

世間からボッコボコに殴られている息子を、黙って見ることしかできなかった父ちゃんと母ちゃんはツラかっただろうな。


この単語はあまり使いたくないけど、『イジメ』に遭っていた。

もちろん僕の人間性にも原因があるけど、何の苦労もせず、若くして売れてチョーシに乗っていた芸人の人生転落物語は、嘲笑うには格好の的だったのだと思う。


攻撃を受ける対象がボクだけならまだしも、その矛先は、それでもボクのことを応援してくれているファンやスタッフにまで及んだ。

「お前、キングコング西野のことなんか応援してんの?」

ボクのファンやスタッフは、毎日、そんな言葉を浴びていた。

彼らには、謝っても謝りきれないほど、ずいぶん肩身の狭い思いをさせてしまった。

原因は分かっている。

ボクが弱かったからだ。

キミは今、どこにいる？

一歩踏み出したいけど、踏み出せない場所にいるのかな？
変わりたいけど、変われない場所にいるのかな？

そりゃそうだよね。
メチャクチャわかるよ。
一歩踏み出した人間が、こうしてボッコボコに殴られてるんだもんね。
怖いよね。

どうしてなんだろう？
どうして、自分の人生を、自分の思うように生きることが許してもらえないんだろう？

どうして、挑戦すると、めいっぱいバカにされて、めいっぱい殴られるんだろう？

どうして、挑戦を止められてしまうんだろう？

悔しいな。

おかしいよね。

誰にも迷惑かけてないじゃないか。

だけどね、

この国では、〝外〟に出ようとすると必ず村八分に遭う。

この国では、多くの人が自分の自由に自主規制を働かせて生きているから、自由に生きようとすると、必ずバッシングの対象になる。

その根底にあるのは、「俺も我慢しているんだから、お前も我慢しろ」だ。

夢を語れば笑われて、行動すれば叩かれる。

挑戦する以上、この道は避けて通れない。

でも、大丈夫。
キミは、キミの最初の一歩を決して諦めることはない。

ボクが証拠だよ。
あれだけボッコボコに殴られても、死んでないだろ？
「死んでない」どころじゃないよ。
今、ボクは、本を出せば、どれもベストセラー。
有料のオンラインサロンは国内最大。
つまんない仕事は全部断って、自分が本気で面白いと思ったことしかやっていない。
皆は転落したと思っていたけど、ボクは転落なんてしちゃいなかった。

ずっと探していたんだよ。
戦い方を。
生き延び方を。

大切な人を守る方法を。
そして、ようやく見つけた。
今は、世界を獲りに行っている最中だ。
獲るよ、本気で。

いいかい?

その場所から一歩踏み出すのに必要なのは、「強い気持ち」なんかじゃない。
キミに必要なのは、踏み出しても殺されない『情報』という武器だ。
右斜め前に落とし穴があることが分かっていれば、左斜め前に足を出せるだろう?
今、世の中で何が起こっているのかを知るんだ。
時代が大きく動いている。

ここ1~2年は、とんでもない規模のゲームチェンジが起きている。

とくに『お金』は大きく姿を変えた。

当然、扱い方も変わってくる。

ほとんどの人がこの変化に気がついていなくて、変化に乗り遅れた順に脱落していっている。

キミに守りたいものがあるのなら、この変化を正確に捉えるんだ。

少しだけボクの話に耳を傾けてください。


そこから一歩踏み出す方法を教えるよ。

一緒に勉強しよう。

大丈夫、いけるよ。

もくじ

第2章 オンラインサロン……137

第3章 新世界…243

第1章

貯信時代

「お金の話をするヤツは汚い」
少なくともボクはそう思っていた。
「金持ちはズルをしてるに違いない」って。

だって、そうじゃないと、毎日真面目に汗を流して働いているのに「そこそこ貧乏」している自分を肯定できないじゃない?

でも、ちょっと待って。
そもそも、「お金」って、なんで汚いんだっけ?
気になったので調べてみたよ。

諸説あるけど…徳川家康が、「士農工商」という身分制度を作って、お金を稼いでいる「商人」を一番下の身分にして、「お金を稼ぐヤツは卑しい」というイメージを作ったんだって。

お金を稼ぐことが「悪いこと」になっちゃったので、おかげで、国民全員が「そこそこ貧乏」になった。

ここで問題。
どうして、家康は国民全員を「そこそこ貧乏」にしたと思う？

答えは簡単。

支配しやすいから。

国民全員を「そこそこ貧乏」にして、国民全員を〝挑戦できない身体〟にした方が支配しやすかったわけだ。
だから、「お金」を稼ぐことを悪いことにした。
だから、「お金」を汚いものにした。

その呪縛は今も続いている。
それが、家康が作り出した呪縛なのかどうかは、本当のところは昔話すぎてよく分かんない。
ボクらが習った歴史はコロコロ変わる。

だけど、事実として、

あいかわらず学校では「お金」のことは教えてもらえないし、お金持ちは叩かれるし、キミが皆の前で、お金の話をしようものなら、もれなく「金の亡者キャラ」にされてしまう。

「お金」はボクらが日常生活で最も使う道具なのに、ところが、その道具のことを語ることは許されない。

おかげでボクらは、「お金の集め方」も、「お金の使い方」も、よく分からない。

日常生活で最も使う道具の扱い方が分からなくて、今日も「そこそこ貧乏」を続けている。

これ、いつまで続けるの？

そろそろ終わりにしようよ。

ボクらが、まずやらなきゃいけないことは、「お金は汚い」というイメージを捨てること。

このイメージを捨てない限り、僕らは〝挑戦できない身体〟のまま。

そして恐ろしいことに、〝挑戦できない身体〟を長年続けてしまうと、それが当たり前になり、ボクらは自分が〝挑戦できない身体〟であることを忘れてしまう。

キミはそれでもいいかな？
キミの子供はそれでもいいかな？
イイわけがないよね。

まずは「お金」の話から始めるね。

キミに守りたい
ものがあるのなら、
「お金」の話から
逃げるな。

お笑い芸人になる。

ミュージシャンになる。

店を立ち上げる。

会社を辞めて、独立する。

いずれにせよ、キミが一歩踏み出す時には、必ず「お金」の問題が絡んでくる。

活動費や生活費、それらウンヌンカンヌンの費用を捻出し続けなきゃいけないんだ。


そして、この「お金」の問題をクリアできなくなってしまった瞬間に、キミの活動は強制的に終わらされてしまう。

そんなことを知っているキミは、「そこで取り返しがつかなくなるぐらいなら、このままココにいた方が、まだマシだ」と、ベストではなく、〝まだマシ〟な場所に根を張る。

そこが「ブラック企業」であろうとだ。

キミの身体はキミが守らなきゃいけない。

外に飛び出さないと助からないという状況は、もしかすると、明日、キミの元にやってくるかもしれない。

その時、「お金」の不安が大きかったら、なかなか足は動かせないよね？

だから、「お金」を学ぶことって、とても大切。

決して卑しいことなんかじゃない。


今、ボクらが使っている「お金」に大きな変化が起こっていることをキミは知っているかな？

お札のデザインも、硬貨のデザインも、何ひとつ変わってないんだけど、「お金の流れ方」と「お金の生み方」が、この数年で大きく変わったんだ。

当然、「お金」の常識も大きく変わった。


実は、ボクが作った『えんとつ町のプペル』という絵本は、一昔前の「お金の常識」を持ったままでは、生み出すことができなかった。

説明するね。

『えんとつ町のプペル』とお金の話

２０１６年10月に『えんとつ町のプペル』という絵本を発表した。

現在、発行部数は37万部。

映画化が決まって、２０２０年の公開に向けて、昨夜も遅くまで映画を作っていたよ。

必ず感動させるから、絶対に観に来てね。

さて。

絵本『えんとつ町のプペル』は、実は〝これまでの絵本〟とは作り方が大きく違うんだ。

ボク一人で作ったんじゃなくて、分業制で作ったんだよ。

最初は一人で作っていたんだけど、途中で、ふと思った。

「あれ？　絵本って、なんで一人で作ることになってるんだっけ？」

たとえば映画だと、監督さんがいて、カメラマンさんがいて、美術さんがいて、照明さんがいて、メイクさんがいて、役者さんがいて…それぞれの得意分野を持ち寄って、分業制で作られている。

テレビのドラマもバラエティーも、人気漫画も分業制。

会社組織も分業制だよね。

世の中にあるほとんどのモノが分業制で作られているというのに、絵本は、どういうわけか「作家が一人で作る」ということで話がまとまっている。

絵本の分業といっても、せいぜい「絵」と「文」で仕事を分けるぐらいで、「絵」は、やっぱり「一人で描くもの」となっている。

でも、どうだろう？

「絵」一つとっても、「空を描く仕事」と、「街を描く仕事」と、「キャラクターをデザインする仕事」は、微妙に〝業務内容〟が違うよね。


「私は、空を描かせたら誰にも負けない！」

「僕は、空は描けないけど、街を描かせたら負けない！」

「街は描けないけど、魅力的なキャラクターをデザインさせたら俺が一番だ！」


いろんな職人さんがいる。

であれば、

「空」のプロフェッショナル。

「街」のプロフェッショナル。

「キャラクター」のプロフェッショナル。

それぞれのプロフェッショナルが集まって、映画のように分業制で作ってしまえば、世界の誰も見たことがない絵本が作れるのでは？

絵本『えんとつ町のプペル』の制作は、そんな疑問からスタートしたんだ。


ただ、こんなアイデアには何の価値も無い。

「世の中のモノがほとんど分業制で作られているのだから、絵本も分業制で作ったら、面白いんじゃね？」って考えた人は、これまで100万人、1000万人、1億人いたハズ。


問題は、「そのアイデアが何故実現していないか？」だ。


そこには、アイデアを実現できなかった理由があるハズ。

そこで探ってみたところ、**絵本が「分業制」で作られてこなかった理由**が見つかった。

たとえば日本の場合だと、絵本は5000部〜1万部で「ヒット」と呼ばれるほど、市場が小さい（買う人が少ない）。

市場が小さいので、当然、売上が見込めない。

売上が見込めないので、当然、制作費が用意されない。

制作費が用意されないので、当然、スタッフさんにお支払いするギャラが用意できない。


だから、**一人で作るしかない。**

そう。これまで絵本を一人で作らせていた理由のド真ん中にあったのは、『**お金**』の問題だったんだ。


「私はお金が無いから一人で作るしかない」

「僕もお金が無いから一人で作るしかない」

これを何年も何十年も繰り返しているうちに『絵本は一人で作るものだ』という常識が出来上がってしまったわけだ。

でもでも、そんな決まりなんて存在しない。

一人で作った方が良い作品ができるのであれば一人で作った方が

いいし、10万人で作った方が良い作品ができるのであれば、10万人で作った方がいい。

表現者の目的は、お客さんを感動させることだ。

『えんとつ町のプペル』は40人のスタッフで作れば、お客さんを感動させられる算段がついたので、最初にやった作業は「40人のスタッフで制作できる環境を作ること」。

つまり『資金調達』だったんだ。

お金が集まらないことには、絵本『えんとつ町のプペル』は作ることができなかったってわけ。

そんなこんなで、絵本『えんとつ町のプペル』の制作費は、「クラウドファンディング」で集めることにした。

「クラウドファンディング」って何?

ここで「クラウドファンディング」の説明をしておくね。

「クラウドファンディング」というのは、インターネット上で自分の企画を発表して、その企画に賛同してくださった方から少しずつ支援を募る仕組み。

絵本『えんとつ町のプペル』の場合だと「分業制で作る為のお金が必要です。御支援お願いします」っていう感じ。

絵本『えんとつ町のプペル』はクラウドファンディングを二度おこない、のべ9550人の方に支援していただき、5650万4552円という大きな大きなお金が集まって、制作をスタートさせることができた。

ここで押さえておきたいポイントは二つ。

現代には、「クラウドファンディング」という資金調達の選択肢がある。

これまでは、お金持ちからお金を借りるか、アルバイトぐらいしか、お金を集める方法が無かったよね。

でも今は、アイデアと熱意さえあれば、たとえ小学生でもクラウドファンディングで、お金を集めることができるようになった。

最近だと、茨城県の小学生が「ツリーハウスを作りたい！」という企画で200万円以上のお金を集めていた。

「クラウドファンディング」は金の生る木ではない。

ここはキチンと押さえておこう。

実は、同じような企画でも100万円集まる人と、1円も集まらない人がいる。

有名なタレントさんがクラウドファンディングをやっても、全然お金が集まらない場合もある。

どうして、「クラウドファンディングでお金が集まる人」と「クラウドファンディングでお金が集まらない人」がいるんだろう？

その違いって一体何だと思う？
これから、その答えを持っている男を紹介するよ。
その男の職業は『ホームレス』。
現代のお金の正体を誰よりも知る男だ。

お金とは『信用』であり、クラウドファンディングとは『信用を換金する装置』だ。

キミは『ホームレス小谷』という男を知ってるかな?

その名のとおりホームレスなんだけど、キミがイメージしている

ホームレスとは少し違うかも。

彼は、この5年で25キロ太って、毎日好きなものを食べて、毎日好きな場所に行っている。

先々週はハワイにいたし、先週は台湾にいたし、今週はネパールにいて、来週はスリランカ。

来月はタイとパリとニューヨークで呑むらしい。

ホームレスなのに、なんだか楽しそうだ。

ね。

キミがイメージしているホームレスと、ちょっと違うでしょ?

そして、ここがポイント。

彼は、お金を持っていないけど、お金に困っていない。

「これまでのお金の常識」からすると、ここが大きく矛盾してるよね？

ボクらがお金に困るタイミングというのは、お金が無くなったタイミングだったハズだ。

だからボクらは、お金に困らないように「貯金」をしてきた。
だからボクらは、お金に困らないように労働の対価として、なるべく大きなお金を求めてきた。

お金が無くなったら、お金に困るからだ。

ところが、ホームレス小谷は、お金を持っていないのに、お金に困っていない。
お金が無くても、お金に困らないので「貯金」なんてしない。
労働の対価として、お金を求めない。
おかしくない？
なんで、そんな生き方ができちゃうんだろう？

その理由は、彼が「現代のお金」の在り方を正確に捉えて、それに合わせた生き方をしているから。
彼の生活を追いかけると、「現代のお金」の姿が見えてくるので、駆け足で紹介するね。

笑うホームレス

話は5年前に遡る。
芸人として売れあぐねていた彼に、ノリで言ってみた。

西野「芸人を辞めて、ホームレスになって、その生活を生配信しちゃいなよ」
小谷「ホームレスですか?」
西野「うん。ホームレスの生配信って、地球人で、まだ誰も見たことがないじゃない?」
小谷「とりあえず、やってみます」

とりあえずやってみるのが、彼の才能だ。

そんなこんなで、彼のホームレス生活が始まった。


ホームレスの生配信は、すぐに話題になった。

今夜の寝床を探したり、炊き出しの列に並んだり、炊き出しの献立を発表したり……そのイチイチを生配信したんだ。

でも、ボク的には1ヶ月で飽きちゃった。

自分からやらせといて、ホント、勝手だよね。

西野「ホームレス生配信は、ちょっと飽きちゃったので、次に進もうよ」
小谷「何をすればいいっすかね？」
西野「社長になっちゃえばいいんじゃない？」
小谷「ホームレス社長ですか？」
西野「ギャハハハ。いいね、それ」
小谷「でも、僕、売るものが何も無いっすよ」

西野「ネットショップで、自分の一日を売ればいいんじゃない？
　何でもやる『何でも屋』さん」
小谷「一日、いくらで売りましょう？」
西野「できればゼロ円で売りたいところだけど、ネットショップだとサイトの手数料の関係でゼロ円は無理なハズなんだよね。
　ネットショップで設定可能な最安の価格っていくらだろ？
　ちょっと調べてみて」
小谷「…50円です」
西野「オッケー。じゃあ、小谷の一日を50円で売ろう！」
小谷「一日50円って、生活していけるんですかね？」
西野「そこは後で考えよう」
小谷「とりあえず、やってみます」

　ホームレス小谷の日給50円生活が始まった。
50円で、草むしりだってするし、ヌードモデルもするし、iPhoneの新作発売の列に丸々1週間並んだりもする。

日給50円って、ちょっとイヤだよね？
一日働くなら、８０００円ぐらい欲しくない？
いや、１万円ぐらい欲しくない？
ところが、ホームレス小谷は50円しか受け取らない。

さて、これが、どうなったか？

最初は皆､「ウチの庭の草むしりをお願いしま～す」といった軽いノリで彼を買う。
しかし、彼が朝からよく働くもんだから、購入者は「さすがに50円で働かせてしまって申し訳ない」となり、昼御飯をご馳走する。

ホームレス小谷は、よく食べる。
キチンとおかわりもする。
そして、再び仕事に戻り、夜までよく働く。
30歳前後の男を50円で丸一日働かせてしまった購入者は更に申し

訳なくなって、夜御飯もご馳走してくれる。

ホームレス小谷はよく食べる。おかわりもする。

昼と夜の食事を共にすると、すっかり仲良くなっちゃって、購入者の方から「軽く呑みにいきませんか？」と声がかかるのがお決まりの流れ。

この時点で、購入者は、昼飯代を出して、夜飯代を出して、呑み代も出している。

50円どころか、そこそこの金額を彼に支払っている。

ところが、購入者の口から出てくる言葉は、いつもこれだ。


「小谷さん、今日は本当にありがとう」


日給を1万円に設定していたら、こうはならない。

「1万円も支払っているのだから、それぐらい働いて当然でしょ」

って感じで、ホームレス小谷との関係は、そこで終わっていたハズ。

だけど、ホームレス小谷がお金を受け取らないもんだから、彼を買った人間は別の形で恩を返そうとした。

ホームレス小谷の購入者は、彼に「ありがとう」と何度も何度も言ったんだ。


これまでボクらは労働の対価として「お金」を受け取ってきたけど、ホームレス小谷はお金を受け取ること（お金を稼ぐこと）を放棄して、その代わりに「信用」を稼ぎ続けたんだ。

一日を50円で売り続けた結果は

さて。

そんな生活を半年ほど続けていた、ある日のこと。

ホームレス小谷が結婚した。

お相手は、50円でホームレス小谷を買った名古屋在住の女の子「モンちゃん」。

仕事の依頼は「鬼ごっこの人数合わせ」。

ホームレス小谷はヒッチハイクで名古屋まで行き、モンちゃんや、その友達と丸一日鬼ごっこをして、翌日にモンちゃんと一緒に東京に戻ってきて、そこで籍を入れた。

出会って二日目の話だ。

お察しの通り、この物語で誰よりもイカれているのは、ホームレス小谷ではなく、ホームレス小谷と結婚をした「モンちゃん」だ。

風邪をこじらせていたに違いない。

本題はここからだ。

籍を入れた翌朝に、ホームレス小谷から相談を受けた。

小谷「西野さん、モンちゃんの為に結婚式を挙げたいです」
西野「そりゃそうだね。絶対にやろう」
小谷「でも、結婚式を挙げる『お金』が無いんです」
西野「結婚式って高いの？」
小谷「２００〜３００万円ぐらいです」
西野「高いね。小谷って月にどれくらい稼いでるんだっけ？」
小谷「一日50円なので、一ヶ月で１５００円です」
西野「即死じゃん」
小谷「死にました」
西野「じゃあ、クラウドファンディングで結婚式をしよう」
小谷「クラウドファンディングで結婚式っすか？」
西野「小谷の結婚式の開催費用を、皆から集める」
小谷「『結婚式の費用を他人から恵んでもらうとは何事だ』って怒られないですかね？」
西野「そもそも結婚式って、参列者から御祝儀を貰ってんじゃん？あれこそがクラウドファンディングだよ」

小谷「なるほど」

西野「『4000円支援してくださったら、僕の結婚式に参加できます』というお返しを用意して、クラウドファンディングで結婚式を挙げよう」

小谷「とりあえず、やってみます」

こうしてスタートしたホームレス小谷のクラウドファンディングには、なんと3週間で250万円が集まった。

彼に支援をしたのは一体誰だ?

正体は、「ホームレス小谷を50円で買ったことがある人達」。

これまでホームレス小谷を50円で買った人達が、「あの小谷さんが結婚式を挙げるのなら、4000円ぐらい喜んで」と一斉に支援を始めたんだ。

それは、彼が半年間貯め続けた「信用」がお金に換金された瞬間だった。

はい。ここがポイントね。

ホームレス小谷は「お金持ち」じゃなかったけど、「信用持ち」だった。

信用を稼ぎに稼ぎまくっているから、「クラウドファンディング」という「信用をお金に換金する装置」を手にした時に、お金を作り出すことができた。

以降、ホームレス小谷は20〜30回ほどクラウドファンディングをしているけど、全て成功している。

彼が、お金が無くても困らない理由は、自分のタイミングでお金を生むことができるからだ。

ここで押さえておきたいのは、クラウドファンディングは「お金を集める装置」ではなく、「個人の信用をお金に換金する装置」だということ。

換金するモトとなる**「個人の信用」が無ければ、クラウドファンディングでお金を作ることはできない。**

現代、クラウドファンディングやオンラインサロンといった「個人の信用を換金する装置」が次から次へとポコポコ登場している。

信用さえあれば、お金が作れるようになってきた。

『信用持ち』は現代の錬金術師とも言える。

お金を貯めた人間ではなく、信用を貯めた人間があらゆるメリットを受け取れる時代が幕を開けた。

覚えておくといいよ。

貯信時代だ。

キングコング西野の
貯金は、
いつもゼロ円。
それでも誰よりも
面白いことができる。

このタイミングで言うのもナンだけど、踏まえておいてほしいことが二点あります。

一点目。

ボクは実践家なので、この本では机上の空論は一切抜き。ボクの体験談しか語りません。

なので、ボクの活動紹介みたいになっちゃうんだけど、そこには「自分の体験談しか語らない」というルールがあることをご理解ください。

二点目。

第1章『貯信時代』でお話しするのは主に「現代のお金」についてなので、「そもそも、キングコング西野が、お金をどれくらい必要としているか」を明確にしておくね。

興味がないかもしれないけど、ちょっと聞いてください。

ボクの一日の食事は昼と夜の2回。

一日一食の日もあれば、丸一日食べない日もある。
食事は蕎麦と少々の野菜。
食事に時間をかけたくないので、コンビニの蕎麦か『富士そば』で、一回の食事は4～5分で済ませることが多い。

ダイエットに時間をかけたくないので、愛車は弟にあげて、徒歩と電車で脂肪を燃やしながら仕事場に向かっている。

パチンコ、麻雀、競馬、競艇、競輪、仮想通貨には一切興味がない。

カラオケにもクラブにもキャバクラにも風俗にも行かない。
女の子とはときどきエッチをしているので、その時はホテル代が発生しているけど、たかが知れている。
セックスさせてくれる女神はインスタでDMください。

服はユニクロか、友人から貰ったものを着ている。

物欲は壊滅的に無い。

家は30歳の時に買っちゃったので、家賃の支払いなどはなく、まとまった支払いといえば、「税金」と「呑み代」くらい。

仕事の打ち合わせをする時に酒場を利用しているので、「呑み」は外せないけど、高級店に行っているわけでもないので、こちらもたかが知れている。

最近、東京・五反田に自分のスナックを作ったので、呑み代も随分減った。

独身なので、嫁子供を養っていくお金も要らない。

節制しているわけではなく、贅沢に費やす時間が勿体無いので、贅沢を選ばない。

月に2～3度ほど、映画館と演芸場には足を運んでいる。

駆け足で紹介したけど、ボクの生活はご覧の有様だ。

強烈な性欲さえ取っ払えば、お坊さんのような暮らしをしていて、おそらく、キミよりも生活費がかかっていない。

生活費が要らないので、納めなきゃいけない税金分だけを残して、ボクの貯金は、オンラインサロンのメンバーと開発したWEBサービスの開発&運営費に使ったり、オンラインサロンメンバーとおこなっている実験の費用に全額ブチ込んでいる。
全額ブチ込んでいるので、貯金はゼロ。

しかし、「信用」を稼いでいるから、まったく問題ない。
貯金は要らない。
これがハッタリじゃないことを、これから証明するね。

お金を稼ぐか、
信用を稼ぐか？

お金の正体を知るために、少し歴史を遡ってみよう。

人間の経済活動の始まりは「物々交換」らしい。
昔話すぎて、実際のところは良く分からないけどね。
物と物を交換していた時代の経済のことを「自然経済」と呼ぶんだけど、この自然経済には少し問題があった。

漁師「俺が釣った魚を、米と交換してくれよ」
農家「ごめん。今、魚は要らないんだよね」
服屋「あの、横からすみません。俺、魚が欲しいっす！　服と交換してください」
漁師「ごめん。今、服は要らねーんだわ」

こんな感じで、物々交換が上手くいかなかったんだ。
そこで、どんなものとでも「交換」できて、さらには、どれだけ「保存」していても腐らないという奇跡の取引アイテム「貨幣（お金)」が誕生した。

そして、「貨幣」を媒介物として商品やサービスの交換がおこなわれる「貨幣経済」へと発展したわけだ。

貨幣経済では、貨幣が無いと何も手に入らないので、みんな、貨幣を奪い合った。


貨幣が搭載している機能は超スゲー。

「保存」しておくこともできるし、魚とキノコの価値を比べる「尺度(ものさし)」にもなるし、何かと「交換」することもできる。

超便利じゃん。そりゃ、皆が欲しがるわけだよね。


貨幣経済が更に進んで、中でも大きな貨幣は「小切手」や「株式」といった〝約束〟で取引されるようになった。

紙キレに「1000万円」と書いて、「この紙キレは1000万円の価値があるんです」と、子供の〝おままごと〟みたいなことを言い出したんだ。

ただ、〝おままごと〟と一つだけ違う点は、「この紙キレは1000万円の価値があるんです」と言った人間には、「後で必ず1000万円を返してくれる」という「信用」があったということ。

そこに「信用」さえあれば、1000万円の買い物ができるようになった。

その進化版が「クレジットカード」。

クレジットカードって、「コイツは後で絶対にお金を返してくれる」という信用がないと作れないんだよ。

ちなみに、「クレジット」を日本語に訳すと「信用」ね。

こうして、「信用」を媒介物として商品やサービスの交換がおこなわれる「信用経済」がスタートした。

でも、「信用経済」は、会社や一部のお金持ちだけのもので、ボクらのような一般人は、まだまだ「貨幣経済」のままだった。

「お金を稼いでナンボでしょ」の世界のままだった。

お金に詳しい人から「お金とは信用だ」と言われても、ボクらは実生活で小切手なんか使っちゃいないし、クレジットカードは大人になるまで使わないし、信用がお金になる経験をあまりしていないので、全然ピンとこなかった。


ところがここ数年、少し騒がしい。

「貨幣経済」から「信用経済」へ

2016年、年末。

SMAPファンが、クラウドファンディングで資金を募り、新聞の一面を買い取り、「私たちはこれからも応援し続けます」というメッセージを届けた。

この時、集まった金額は3992万5936円。

発起人はジャニーズ事務所でも何でもない。

知名度も何もない二人の会社員と一人の主婦だ。

ＳＭＡＰがこれまで積み上げた信用と、「あなたのことは知らないけれど、あなたがＳＭＡＰファンなら、あなたに託したお金は絶対に素敵な形で還元してくれる」というＳＭＡＰファン同士の「信用」が、４０００万円近いお金を作った。

そして２０１７年8月。

『polca（ポルカ）』というサービスがスタートした。

ポルカは、友達同士の支援サービスだ。

クラウドファンディングの小ちゃい版。

クラウドファンディングと少し違う点は、支援の募集範囲を指定できるということ。

Twitterで広く公開することもできるし、たとえば、LINEグループだけに限定公開することも可能だ。

これによって、私的な企画が立ち上げやすくなった。
「焼肉、奢って」なんてのもアリ。

もちろん、「焼肉、奢って」という企画をクラウドファンディングでも立ち上げることは可能だけど、公開範囲がフルオープンなので、**「自分で働いて稼いだお金で買え！」**という輩が絡んでくるリスクが高い。

この本を手にとっているキミも、もしかしたら、そっち側の人かもしれない。
大丈夫、今は世の中の99％が、そっち側だ。

でも、ちょっと聞いて。

たとえば、キミの恋人や、仲の良い友達や後輩が、「今、お金が無いので、今夜は焼肉を奢って」ってキミに言った時に、キミは、「何をラクしようとしているんだ！　俺がストレスの対価として、ようやくお金を手にしているのに、お前ときたら！」と説教を始めるかな？

いいや。

きっとキミは、

「もう、しょうがねえなぁ。この借りは、いつか返せよ」

そう言って、焼肉をご馳走すると思う。

それは、キミが友達を「信用」しているからだ。

もう少し分解すると、キミの友達が〝焼肉をご馳走してもらうに値する信用〟を貯めていたからだ。

だから、キミは友達に焼肉をご馳走する。

ポルカは、そのやりとりをインターネット上で可能にした。

お金持ちだけのものであった「信用経済」に、ボクらのような一般人も参加できるようになってきた。

「信用を換金する」流れはもう止められない

現代、個人の信用は換金できるようになった。

たとえニートであろうと、「Twitterでイケてる投稿を繰り返して、フォロワーの信用さえ稼いでいれば、お金を作ることができるようになった。

キミの親世代は「働け」と言うかもしれないけど、信用経済においては、「働く」の定義が、「お金を稼ぐ」から「信用を稼ぐ」に変わってくる。

正社員よりも収入の多いニートが出てくる。
社長よりも豊かなホームレスが出てくる。
もう、ワケがわかんないよね。

経済の変わり目なのだから、働き方や道徳観の摩擦があって当然。若い子は、これまで以上にオジサン達から「最近の若いヤツは」と言われるだろうね。

特にそこに「お金」が絡んでくると、「貯めた信用をインターネットサービスを使って換金する」という、これまでにないお金の生み出し方だから、「何か悪いことをしているに違いない」と思い込む人が出てくる。

彼らは、「お金は、汗水垂らして、その対価としてようやく貰えるもの」と信じきっている。

もちろん、そうやって生まれる「お金」もあるし、別の形で生まれる「お金」もある。

国民のほとんどが、お金の生み出し方に別の選択肢が追加されたことに気がついていない。

だけど、このことは踏まえておいた方がいい。
あらゆるルールが変化するこの時代に、確かなことは一つだけ。
「この流れはもう止められない」ということだ。
流れに抗わず、しなやかに対応するんだ。

無知が摘む未来

2018年の7月、近畿大学の学生が立ち上げた『**スラム街の生活を肌で感じ、そこで得たものを、スラム街の子供達や、自分の人生に還元したい**』というクラウドファンディングの企画が大炎上。

あまりの燃えっぷりに、企画が中止に追い込まれたほど。

この企画には、こんな批判が上がった。

「自分の金で行け！」

これについて、キミはどう考える？

「そうだそうだ！　自分のやりたいことなんだから、クラウドファンディングを利用せずに、自分の金でやれ！」と思っていたりするのかな？

ボクには、この本を選んでくれたキミを未来に届ける責任があるので、この件について少しだけ話をさせてください。

どこからどこまでが『自分の金』なの？

クラウドファンディングで立ち上がった企画に対して、「自分で働いて稼いだ金でやれ！」っていう批判って、本当に多いんだよね。

きっと今日も各地でこの声があがっている。


みんなが言う「自分の金」って何なんだろう？

察するにそれは、労働（サービス）提供の対価としていただいたお金のことを指してるよね？


カラオケのアルバイトで得た給料は「自分の金」だし、自分の知識をメルマガに綴って得たお金は「自分の金」だし、芸人がテレビやライブでエピソードを語って得たギャラも「自分の金」だ。

ここまでは、いいよね？

じゃあ、**「予約販売」**はどうだろう？

事前にお金を集めて、そのお金を使って、商品やサービスを提供することで、在庫のロスを無くす「予約販売」。

こちらも、結果的には、商品やサービスの対価としてお金を受け取っているので、そこ（予約販売）で得たお金は「自分のお金」と言えるよね。

ちなみに、ライブやコンサートも「予約販売」っス。
『チケットぴあ』等を利用して、先にお金を貰って、そのお金で出演者さんのギャラやスタッフさんのギャラが支払われ、数ヶ月後にお客様にライブが提供されているわけだ。

ここまで説明をして、**「予約販売で商品（サービス）を売って生活していくなんて、許せない‼　自分の金で生きろ‼」**とキミが言うのなら、一度、キミの御両親とお話しさせてくれ。

大学生がクラウドファンディングで集めたお金は「自分の金」ではなかったのか？

ポイントはココだよね。

押さえておかなければいけないのは、今回、近畿大学の学生が仕掛けたクラウドファンディングが「購入型」であったということ。

クラウドファンディングには、「購入型」や「寄付型」といった種類がある。

このうち、「寄付型のクラウドファンディング」は、「支援していただいたお金は、プロジェクトに丸々使わせていただきま〜す」というルール。

一方で、「購入型のクラウドファンディング」には、「○○円支援してくださったら、△△をお返しします」という明確なリターンがある。支援額に応じた見返りがあるんだ。知ってた？

今回の近畿大生の場合だと、こんな感じ。

リターン①（4000円）

【内容】・現地に行って必要だと思った持ち物、現地の物価、交通の便、個人的にお勧めする場所、お店など、今回の旅で得た情報をまとめた旅日記を公開させて頂きます。

リターン②（1万円）

【内容】・実際に会って今回の旅の体験談を話します。
・支援者限定のFacebookグループにご招待（旅の様子を写真や動画でお伝えします）

それぞれのリターンを短くまとめると…

①「今回の旅で得た情報を文章に起こして販売」
②「今回のエピソードが生で聞ける場を販売」

これって……**メルマガで文章を販売することや、芸人がトークライブのチケットを販売することと何が違うのかな？どっちも、情報（体験談）を売っているし、どっちも予約販売じゃない？**

どうして『チケットぴあ』を使って集めたお金は「自分の金」になって、「購入型のクラウドファンディング」を使って集めたお金が「他人の金」になるんだろう？

きっと、「寄付型のクラウドファンディング」と「購入型のクラウドファンディング」の区別がついていないんだろうね。

区別がついていないどころか、クラウドファンディングに、そんな種類があることすら知らない人がほとんど。

以前、俳優の山田孝之さん（大ファンです）が自身のブランドの商品を「購入型のクラウドファンディング」を使って「予約販売」をしたところ…

「芸能人で金を持っているんだから、自分の金でやれや！」
「ひどい！ そんな人だとは思わなかった！」

という批判が起こって、大炎上。
芸能人って、予約販売しちゃダメなんだっけ？

購入型のクラウドファンディングは「予約販売」だ。

ちなみに。
クラウドファンディングで集まったお金が「収入」扱いになるこ

とは知っていた？

プロジェクトオーナーは、プロジェクトに集まったお金から、国に「税金」を払っているんだよ。


つまり、国や法律はクラウドファンディングを「（課税対象になる立派な）仕事」として扱っているんだ。


仕事の対価としていただいたお金に対して「自分の金でやれ！」とは言わないいじゃない？

今回の批判は、ものすご〜く的外れなんだ。

「炎上＝悪いコト」と結論しちゃダメだ。

炎の中にある本質を見るんだよ。


あらためて。

ここでボクがキミに伝えたいのは、「批判をするな」ということじゃない。

「批判をするのなら、これら全てを把握した上で批判した方がいい」ということ。

自分が理解できないものを批判してしまうとね、未来の自分の首を絞めることになってしまうんだ。


あの時。

クラウドファンディングで「スラム街に行く企画」を立ち上げた大学生に対して、もしキミが、「自分の金でやれ！」と大声で批判していたら、もうキミの人生から「クラウドファンディング」という選択肢が無くなってしまう。


たとえば、3年後。

キミの母ちゃんが倒れて、多額の手術費用が必要になったとしても、「自分の金でやれ！」と他人を批判してしまったキミは、「クラウドファンディング」は使えない。

キミの母ちゃんが助かる可能性を、あまりにも無知で、感情だけで批判してしまった過去のキミが奪ったんだ。

いいかい?
理解できないものを批判することは簡単だ。
でもね、
キミに守りたいモノがあるのなら、
今のキミが理解できないものを批判しちゃダメだ。
理解できないものがキミの目の前にきたら、その時は、
理解する努力を選択するんだよ。
今日からやれるよね?
キミならやれるよ。

「はれのひ事件」の裏側で

「情けは人の為ならず」って聞いたことがあるよね？

ウィキペディア先生によると、「人に親切にすれば、その相手の為になるだけでなく、やがては善い報いとなって自分に戻って来ますよ～」とのこと。

まるで出来過ぎた童話のようだけど、現代ではこれが珍しくない。


2018年1月。

振り袖の販売・レンタル業者『はれのひ』が成人の日を前に、まさかの夜逃げ。多くの新成人が被害に遭った。

ご存知、「はれのひ事件」。

ワイドショーは各局、涙にくれる新成人と、怒りに震える大人達の姿を報道した。

これに「待った」をかけたのが、ウチのスタッフの田村P（田村有樹子）だ。

ニュースを見た彼女から興奮気味のLINEが入った。

田村「『はれのひ』の被害に遭った子達に何かしてやれないかなぁ？

成人式は一生に一度なのに」

西野「コチラが費用を全額負担して、『はれのひ事件』の被害者を対象に、もう一度、成人式をやりましょう」


被害者を助けない理由は一つもないので即決。

10秒後には、友人やスタッフやオンラインサロンのメンバーに「成人式をやるよ～」と連絡。

『リベンジ成人式』の開催は3週間後に決定した。


やるからには「被害に遭って良かった」と思えるほどのクオリティーの成人式をプレゼントする。

着物の貸し出しや、ヘアメイクやネイル、照明や音響や美術といった空間デザイン、占いブースや撮影スタジオや、二次会の船上パーティーも用意することとなった。

大変だったのは田村Pだ。

一日に何百件も舞い込んでくる連絡を捌き、総勢400人のスタッフを捌き、たった3週間で日本中が注目している大イベントを作り上げなきゃいけない。

自分が言い出しっぺなので、一歩も引き下がれない。

ひっきりなしに携帯電話が鳴り、ひっきりなしに問題が勃発し、まったく寝られやしない。

珍しく冷静さを失っている場面を何度も見た。

いっぱいいっぱいだったのだろう。


それでも彼女は、口を開けば、いつもこう。

「新成人の皆は喜んでくれるかなぁ?」

田村Pは、とてもピュアで、献身的で、感動屋で、映画公開時の全米よりも簡単に泣く。

そんな彼女の3週間を、多くの人間が見ていた。

結果、『リベンジ成人式』は大成功。

参加者全員が笑顔に包まれた。

帰りの車の中で、ようやく肩の荷が降りた田村Pに、冗談半分で言ってみた。

「今、田村Pが『打ち上げで高級シャンパンが呑みたい』という私利私欲にまみれたクラウドファンディングを立ち上げたら、『ふざけるな（笑）』と言いながらも、皆、支援してくれるんじゃない？」

話が盛り上がり、すぐに一口1000円のクラウドファンディングを立ち上げることとなった。

もう、結果は想像つくよね？

たったの数時間で上限金額の30万円が集まった。

田村Pが積み上げた「信用」が換金された瞬間だった。

上限金額が30万円じゃなかったら、もっともっと大きなお金が集まっていたと思う。
「支援したかったのにぃ〜」という人がたくさんいた。

日給1万円で3週間働いて「お金」を稼ぐのか、それとも、他人の為に無償で3週間働いて、「信用」を稼いで、しかるべきタイミングで、その「信用」を換金するのか。

どちらを選ぶかは、その時の状況を見て決めればいい。
ただ一つ言えることは、「**今の時代には『まずは信用を稼いで、その後で換金する』という選択肢がある**」ということだ。

そして、ここがポイント。

信用は複利で増える。

「複利」という表現がチョット難しいね。

つまり、信用は右肩上がりの〝直線〟で増えるのではなく、ジワジワと増え続け、ある地点でギュイィンと急激な〝曲線〟を描いて爆増する。

換金できるからといって換金を焦っちゃダメだ。

曲線を迎えるまで、じっと待つんだよ。

田村Pは今回の一件で「信用」を換金して30万円というお金を手にしたけど、しかし、田村Pの信用残高は減っていない。

彼女は、自分の信用度が曲線を描くまで待ったんだ。

信用がその域にいけば、生き方の幅が広がる。

そこまでいくと、どんな展開が待っていると思う？

その後、彼女は一つの仕事を手に入れた。

これから、面白い話をするよ。

トイレなら先に済ませておいて。

〝しるし〟が入った本は本当にゼロ円なのか？

２０１８年の春、オンラインサロンメンバーと一緒にアプリを開発した。

『しるし書店』だ。

開発費用はクラウドファンディングで調達。960万円以上の支援が集まった

どういったサービスなのかを簡単に説明するね。

古本には２種類ある。

「最後まで綺麗に読まれた古本」と、読み手が気になった一文に線が引かれていたり、付箋が貼られていたり、ページが折られていたり、隅っこにメモが書かれている「読み手の〝しるし〟が入った古本」だ。

このうち「綺麗に最後まで読まれた古本」はブックオフで買い取ってもらえるけど、「読み手の〝しるし〟が入った古本」は取り扱ってもらえないよね？

読み手の〝しるし〟が入った古本は市場価値がゼロ円と判断されちゃうわけだ。

でも、イチロー選手が読んで、イチロー選手が気になった一文に線を引いて、イチロー選手が付箋を貼ったり、ページを折ったり、隅っこにメモを書いた本って、定価より高い値段で欲しい人がいると思うんだよね。

イチロー選手が「どこを見て、何を感じたのか」に価値があるから。

有名人じゃなくても、たとえばボクは、自分が信用しているスタッフの〝しるし〟が入った本は、定価より高くても手に入れたい。

「自分が信用しているスタッフがその本をどのように読んで、何を思ったのか？」という、〝信用しているスタッフの視点〟が欲しいから。


『しるし書店』はそういった出品者の視点（しるし）が入った本だけが出品されている古本市場。

その『しるし書店』で今、面白いことが起こっている。


先日、田村Pが出品した「しるし本」（新刊の定価は1620円）が、3万円で売れちゃった。

1620円の本が3万円で売れた理由は一つ、**「田村Pが読んだ本だから」**だ。

「田村Pが、その本のどこを見て、何を思ったか？」という田村Pの視点が付加価値となって、古本に3万円という値段がついたわけだ。

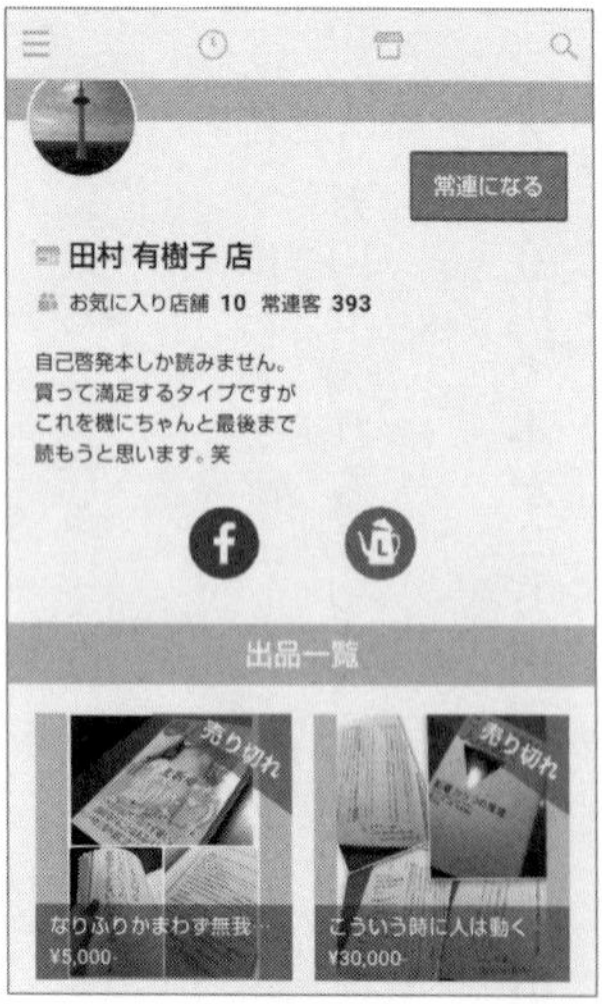

右下が、田村Pがしるしをつけ、定価の約20倍で売れたボブ・バーグ氏の著書

『しるし書店』もクラウドファンディング同様、「個人の信用を換金する装置」と言えるよね。

田村Pの視点に信用があったわけだ。

『リベンジ成人式』以降、田村Pの「しるし本」は、新刊よりも高い値で売れるようになっちゃった。

ちなみに、僕の友人でもあり、メガネ販売の全国チェーン『オンデーズ』の田中修治社長が出品した「しるし本」は15万円で売れて、ウチの母ちゃんが出品した「しるし本（革命のファンファーレ）」は30万円で売れた（売上は西日本豪雨の被災地支援活動に使わせていただきました）。

信用持ちが〝しるし〟を入れながら本を読めば、その本は定価以上で売ることができる。

となると、これによって生まれる職業がある。

『読書屋』だ。

これまで趣味でしかなかった「読書」ですら、「信用持ち」の手にかかれば仕事になる。

ほら。

野球少年には『プロ野球選手』という仕事があったし、字の綺麗な人には『書道家』という仕事があったし、お調子者には『お笑い芸人』という仕事があったじゃない？

だけど、「読書」だけは、どこまでいっても〝趣味止まり〟で、「読書が好き」という才能は仕事にならなかった。

ところが今、『しるし書店』では、「読書」で生活する人が出てきている。

もしキミが、本を読むのが大好きで、「できれば、本を読んで暮らしていきたい」と思っているのなら、信用を稼いでおくといい。

「本が読める」というのは立派な才能だ。

そして、その才能は、「個人の信用」を絡めることで仕事になる。

ホームレス小谷や田村Ｐがやっていることはそれ。

彼らは個人の信用を販売して生きている。

これが『貯信時代』だ。

乗り遅れないようにね。

とっくに始まってるよ。

日常となる信用販売

人間は、これまでず〜っと、その時代の媒介物（何とでも交換できるアイテム）を求めてきた。
塩を求め、貝を求め、ゴールドを求め、紙幣を求め、そして今、ボクらは最新の媒介物である「信用」を求め始めた。

ここで大きな変化が起こる。

これまでお金は、自分の欲求を満たす為に使われてきたけど、まもなくボクらは、その「お金」の使い方では、自分の信用が貯まらないことを知る。
つまり、〝お金を作れない身体〟になることを知る。

そして、ホームレス小谷のような「信用持ち」は、自分の手元に集まったお金を、さらなる信用獲得の為に、他人に投資し始めるだろうね。
彼らは、「信用さえあれば、いつでもお金を作ることができる」ということを知っている。

〝貯金時代〟は、お金を貯めれば安心が得られた。

しかし、貯信時代においては、「貯金」は機会損失だ。

「お金を銀行に何年も寝かせておくぐらいなら、そのお金を使って一人でも多くの人を笑顔にして、信用を稼いでおいた方がいい」という流れになる。

ブランドになれ！

貯めた信用をクラウドファンディングで換金することがカジュアルになり、加えて『しるし書店』のように自分の信用を「付加価値」として商品を販売するサービスが増え、信用を販売することで生きる人が増えてくる。

そうなってくると、買い物をする時には「何を買うか？」に加えて、「誰から買うか？」という選択肢が生まれる。
あらゆる商品のクオリティーが上がって、商品自体の差がなくなってきたら、尚のこと。
商品のクオリティーを競っていた時代から、販売者のブランドを競う時代へと変わる。
「どうせ買うなら、少々高くても田村Pから買いたい」みたいな感じでね。

となってくると、だ。

サービス業においては、「信用持ち」の販売スタッフがいた方が商品は売れるので、当然、**サービス業における「信用持ち」の就職内定率は上がる。**

キミが社長だったら、キミの会社の商品を一つでも多く売ってくれる人や、お客様に愛されるスタッフを雇うよね？

何をもって信用とするかは、その会社次第だけど、すでに「Twitterのフォロワー数が多ければ、優先的に採用する」という企業も出てきている。

「学歴」が絶対だったキミの父ちゃんや母ちゃんには信じられない変化だし、信じたくない変化かもしれないね。

一生懸命勉強して東大に入った息子よりも、ずっとスマホをピコピコしているお隣のバカボンの方が、良い会社に入ったりすることが平気で起こるんだもん。

親世代は、これまでの自分を否定されたような気持ちになるだろう。

だけど、時代は止まらない。

まもなく、個人の信用がモノを言う時代に突入する。

当然、**匿名のSNSは得策じゃない。**

匿名で呟いても実生活における信用ポイントは増えない。

実名で活動し、信用ポイントをキチンと自分の名前に貯めて、自分を「ブランド化」しておくことが、この先のキミの身を守ってくれる。

これは今すぐやれることだけど、キミはどうする？

嘘を捨てろ

信用を稼いだ方がいいのは分かったけど、そもそも信用って、どうやって稼ぐんだろう？

これについては、前作『革命のファンファーレ　現代のお金と広告』に書いたので、そちらを読んで欲しい。

とは言うものの、今から本屋に駆け込むのは面倒臭いだろうから、ここで、あらためて、ザックリと説明しておくね。

信用の稼ぎ方については、その人が置かれている状況によって細かく変わってくるんだけど、大筋は一緒。

「嘘をつかない」ということ。

言葉にすると簡単だけど、これがなかなか難しい。

ボクはタレントなので、タレント活動を例にしてみるね。

テレビタレントの給料の出所は、番組スポンサーだ。

番組スポンサーさんが番組に制作費（広告費）を支払って、その一部が「ギャラ」としてタレントに支払われる。

当然、タレントは〝スポンサーさんの都合が良いように〟立ち振る舞わなきゃいけない。

具体的に言うと、好感度を取りにいかなければいけない。


となってくると、だ。

たとえばグルメ番組でマズイ料理が出たとしても、ボクたちタレントは「美味しい」と言わなくちゃいけない。

いやいや、それ以前に、「マズイ！」なんてコメントしたら、そもそもオンエアではカットされちゃうね。

オンエアでカットされちゃうと仕事にならないので、ボクたちタレントは、これまで、場合によっては「美味しい」という嘘をついてきた。


ただね。

昔はそれでも良かったんだけど、今は、その料理が本当に美味しいかどうかが、『食べログ』やTwitterで調べられてしまうようになっちゃった。

つまり今は、これまで検証しようがなかったタレントの嘘が、「嘘」としてカウントされるようになった。

ここで一番の癌は、ほとんどのタレントは、これを「嘘」とは捉えておらず「仕事」として捉えてしまっていること。

「仕事だから、求められていること（嘘）をやろう」と。

CMについても同じことが言える。

自分が使ってもいない化粧品のCMに出演することに、「嘘をついている」という自覚がない。

タレントはそれを仕事として捉えている。

そういった嘘のグルメコメントや、自分が使ってもいない化粧品をCMして、それを真に受けたお客さんが、わざわざ食べにいったり、わざわざ化粧品を買ったりして、そこで満足してくれたら問題ない。

しかし、そうでなかった場合、必ずシッペ返しがある。


嘘をつくことで露出を続けると、認知度は上がるけど、人気度（信用度）は確実に落ちる。


「認知」と「人気」は別物なんだ。

認知タレントであり、人気タレントではない人が、ひとたび不倫なんてしようものなら、全てが終わる。

当然、スポンサーは離れる。

となると、あとは自分でお金を作る（お客さんからのダイレクト課金に頼る）しかなくなるわけだけど、人気（信用）がないので、お金が作れない。

不倫報道で活動が止まってしまうタレントと、不倫報道でビクともしないタレントの大きな違いは〝信用の有無〟だ。

目先の露出に走り、嘘を重ねると、ゆるやかに、しかし確実に信用を削ってしまう。

これまでのタレントの生き方モデルは、貯信時代において、あまりにもリスクが高いんだ。


でも、仕事で「嘘をつくこと」が求められているわけだよね。この環境で、「嘘をつかない」って難しくない？


そう。

「嘘をつかない」というのは、とても難しいんだよ。これは覚えておくといい。

嘘は感情ではなくて、環境によって〝つかされる〟んだ。

誰一人として嘘はつきたくないんだけど、嘘をつかざるをえない環境になった時に嘘をついてしまうのがボクらだ。

嘘をつきたくなかったら、やることは一つ。

「嘘をつかざるをえない環境」に身を投じないことだ。

さらに踏み込むと、「嘘をつかざるをえない環境に身を投じなくても生きていける環境」を作ることだ。

この環境作りが、信用稼ぎの第一歩目。

このことについては、第2章で詳しくお話するね。

嘘を重ねた過去

『はねるのトびら』がゴールデンタイムに進出して、視聴率は毎週20%以上。加えて、各局で冠番組をいただいていたあの頃。

バレないように隠していたんだけど、実は、自分達のライブの集客がかなり落ち込んでいたんだ。

地方営業で〝無料イベント〟に行った時は、そりゃあもう大歓声で迎えられたんだけど、有料イベントになった途端に、閑古鳥。

「面白いので是非、観に来てください」と告知しても無駄。

そりゃそうだよね。

美味しくないものを「美味しい」と言い続けたんだもん。

そんなボクが言う「面白い」には、信用がなかったんだよ。


ライブのチケットは売れない。

グッズも売れない。

「人気タレント」ではなくて、「認知タレント」だったんだ。

「皆が知っている」というだけのタレント。


気がついたら、お客さんからダイレクトにお金を貰えない身体になっていて、嘘をついてでもテレビに出続けるしかなかった。

嘘をついている自分に蓋をするしかなかった。

でも、そんなものには必ず限界がくる。


この前、出版社の人から聞いたんだけど、今、タレントさんが書く本って、ほとんど売れないんだって。

嘘がカウントされて、蓄積されて、ジワリジワリとシッペ返しが始まった。
『貯信時代』に入り、この流れが加速した。

嘘はつかないほうがいい。
その為に、「嘘をつかなくてもいい環境」を手に入れるんだ。
何をすれば「信用」が減って、何をすれば「信用」が増えるのかを見極めるんだ。

「嘘をつかない」という生き方には、それなりの痛みが伴う。
だけど、嘘をつき続けた先には、もう何も残っちゃいない。
後戻りができなくなる前に、舵を切るんだ。
今なら、まだ間に合う。

キミは今、どこにいて
これからどこに向かう？

ＳＮＳで炎上すると、決まって「炎上商法だ～！」と騒ぐ輩が現れる。

ブログの場合は閲覧数に応じた広告収入が入るけど、Twitterの場合はどれだけ閲覧されようが1円にもならない。

ちなみにボクのブログは例外で、１００万回閲覧されようが、1億回閲覧されようが、ボクには1円も入らない。

自分が本当にオススメしている商品以外は読者にオススメしたくないので、ブログから広告を外してもらったんだ。

もちろん信用を稼ぐ為だ。

炎上案件に脊髄反射的に反応する連中は「炎上しているからには儲けているに違いない」という思い込みのもと、〝お金の導線〟までを考えずに騒ぐ。

時として、テレビのコメンテーターまでがこのレベルで、「炎上商法ではないでしょうか」とコメントをする。

口内炎ができて、少し黙ればいいと思う。

多くの人は、「炎上」と「収益」の関係を理解できていない。

数年前、コンビニのおでんをツンツンする動画をYouTubeに投稿した『おでんツンツン男』という不思議な男がいたけど、彼の活動も「炎上商法」と紹介されるし、6年前、ボクが初めて「クラウドファンディング」で個展を開催した時も、「炎上商法」と紹介された。

当時は皆、「クラウドファンディング？　他人からお金を集めて、自分のやりたいことをするとは何事だ！」とウホウホ。
その理屈で言ったら、「チケット代を集めて、ライブを披露すること」もアウトになっちゃうよね。
口内炎ができて、少し黙ればいいと思う。

「炎上」には4種類ある。

その4種類とは、

「収益化できている・収益化できていない」

「信用を得ている・信用を失っている」

この組み合わせだ。

順番に見ていくね。

収益化できているけど信用を失っているケース

おでんをツンツンした動画をYouTubeにアップした『おでんツンツン男』がこのパターンだね。

再生回数に合わせて、彼の懐には広告費が入っている。

ただ、「注目」と引き換えに「信用」を失っているので、長期的に見れば、凄まじい損失だ。

ちなみに就職試験は確実に落ちる。

収益化できていないし信用も失っているケース

コンビニのアイスクリームの冷凍庫に入るイタズラを、Twitterにアップしている人達がこのパターン。

大きな「注目」を集めているけど、どれだけリツイートされても1円にもならないし、「信用」も激しく失っている。

これに対して「炎上商法だ！」と言う人がいるけど、「商法」として1ミリも成立していない。

収益化できているし、信用も得ているケース

6年前に「クラウドファンディングをやった」というだけで炎上した時のボクが、このケース。

お金は集まったし、集まったお金を使って無料の個展を提供することができた。

たくさんのお客様にお越しいただいて、本当にたくさんの方から「ありがとう」という言葉を頂戴し、信用も集まった。

収益化できていないけど信用を得ているケース

注目したいのは、ここ。

1円にもならないのに、「困っている人がいたら放っておけない」という人っているよね。

ホームレス小谷や田村Pのような。

世の中的には「収益化できていない」と思われている人達だ。

でも、ここまで読んでくれたキミは、もう彼らに対して、「なんで、そんな1円にもならないことをするの？」とは思わないよね。

たとえ、その瞬間に収益化できていなくても、信用さえ稼いでいれば、あとでいくらでも収益化することが可能だ。

ポジションを可視化する

今挙げた四つのパターンを座標軸に落とし込んでみるね。

横軸が「認知度」で、縦軸が「信用度」。

右に行けば行くほど有名人で、上に行けば行くほど信用できる人。

くれぐれも言っておくけど、縦軸は「信用度」であって、「好感度」じゃないよ。


（象限Ⓐ）

『おでんツンツン男』は注目を集めたけど、著しく信用を落としているので、右下。

コンビニのアイスクリームの冷凍庫に入る人達も、一時的に注目は集めたけど、著しく信用を落としているので右下。

実は、注目を集めて生きている多くのテレビタレントも、ここだ。


（象限Ⓑ）

では、嘘をつかないホリエモンはどこだろう？

有名で、信用度が高いので、右上。

[炎上の4象限]

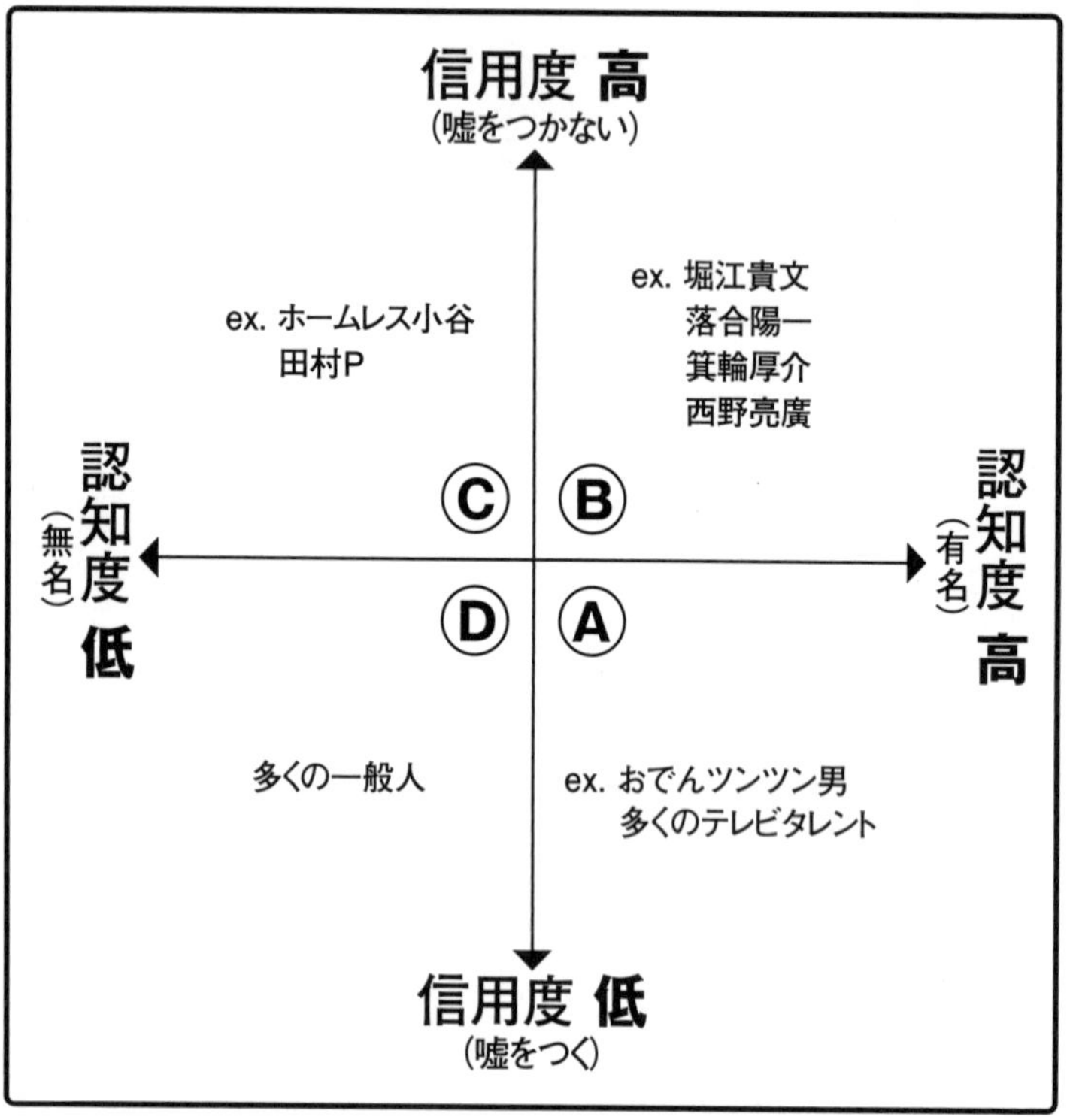
信用度 高
(嘘をつかない)
ex. ホームレス小谷
田村P
ex. 堀江貴文
落合陽一
箕輪厚介
西野亮廣
認知度(無名) 低
認知度(有名) 高
C
B
D
A
多くの一般人
ex. おでんツンツン男
多くのテレビタレント
信用度 低
(嘘をつく)

相手が誰であろうとズケズケと本音をぶつける落合陽一さんや、幻冬舎の編集者の箕輪厚介さんもココ。

たぶん、ボクもこの枠に入るね。


（象限Ⓒ）

嘘をつかなくて、それほど有名ではないホームレス小谷と、田村Pは左上。


ここから、とっても重要な話をするね。

「注目」を集めて生きている人と、「信用」を集めて生きている人とでは、お金の出所が違うんだ。

「注目」を集めることで成り立っている場合、お金の出所は広告主（広告費）。

一方、「信用」を集めることで成り立っている場合、お金の出所はお客さん（ダイレクト課金）。

テレビにしても、YouTubeにしても、注目度の高いところに、広告費が支払われている。

例外は、Twitter。

広告主がいないので、何万リツイートされても1円にもならない。

さっきの座標軸に、「お金の出所」を加えたのが、こちら。

クラウドファンディングは、「注目度」の影響はゼロではないので、右上のあたり。

『しるし書店』は自分の店のファンを20人ぐらい抱えていればいいので、「注目」は必要なく、「信用」があればいいので左上。

ここで一つ興味深い話をするね。

［炎上の4象限にお金の出所を加えると］

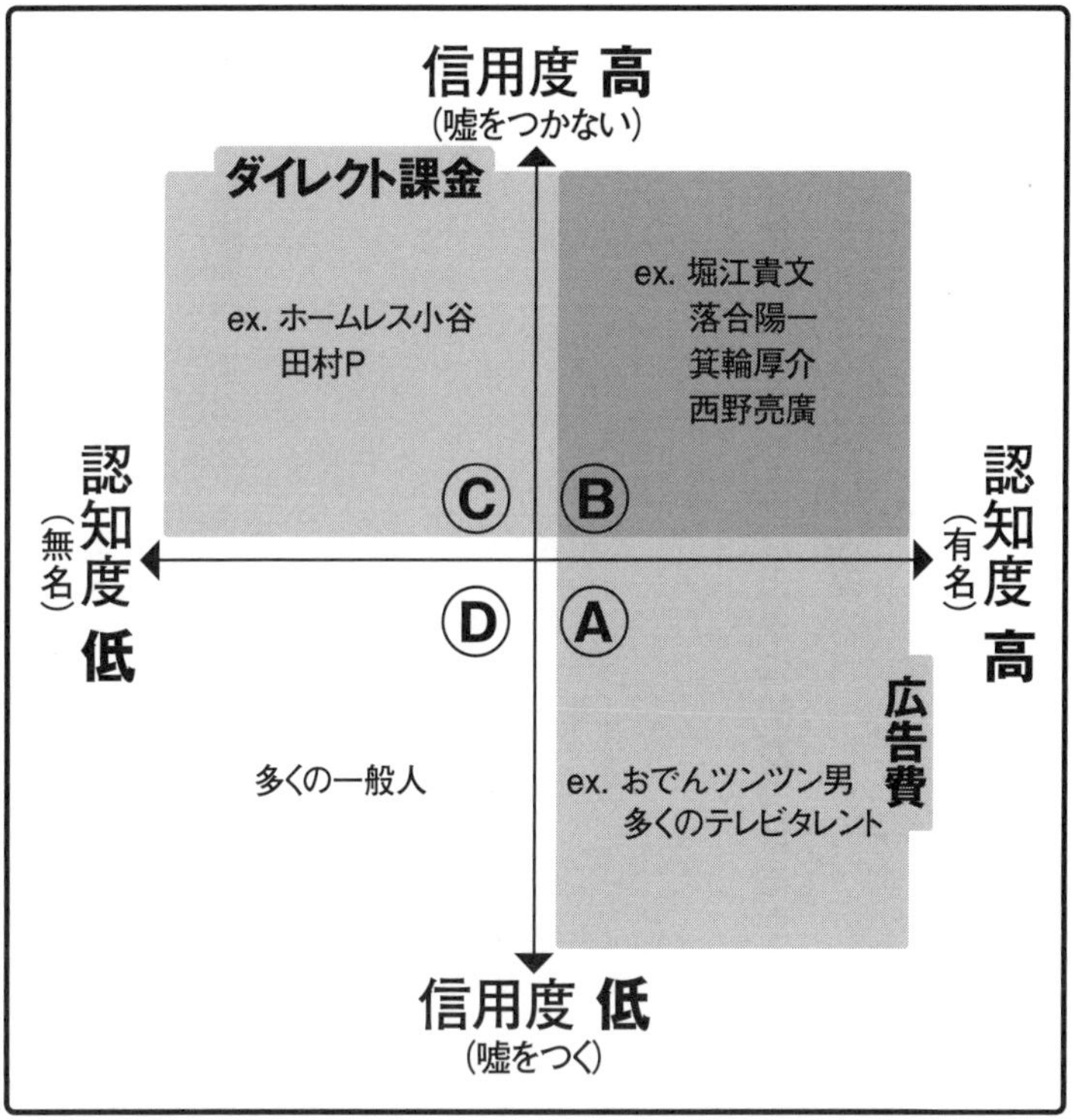

以前、ウチのスタッフの甥っ子（中学生）が、自分が買うお菓子を選ぶ時に、素人のオッサンYouTuberの感想を参考にしていたのね。

そのオッサンの動画が、まあ酷くて、お菓子を食べた後のリアクションがすこぶる悪い。

マズイ時は本当にマズそうに食べるし、美味しい時は「あ〜、まあ、美味しいっすね」ぐらい。

そこで彼に「なんで、そんなオッサンの動画を見てるの？」と訊いてみた。

すると、返ってきた言葉がこれだ。

「タレントさんは演技ができるから（上手に嘘がつけるから）、お菓子が美味しいかどうかが分からないんだよ」

グウの音も出ないよね。

そんな感じでタレントを見る世代が出てきている。

つまり、**広告費で生きているタレントの広告力が落ちてきている**わけだ。

こうなってくると、スポンサーはどこに「広告費」を出すだろうね？

そういえば、最近、新刊の帯コメントにタレントの名前を見かける機会が昔に比べて減ったような気がしない？

反対に、さっきの座標軸でいうところの「右上」にいる人達の名前を見かける機会が増えたように思う。

事実、ボク自身、帯コメントのオファーがここ最近でメチャクチャ増えたんだよね（ほとんど断るけど）。

少なくとも出版業界に関しては、広告費が右上の人達に使われ始めている。

ダイレクト課金の手段が増え、そして「広告費」ですら右上の人達に使われ始めた。

最近、面白い活動をしている人は大体、上の方にいるよね。

これらのことを踏まえて考えると、キミがこれから進む方向が見えてくるんじゃないかな？

さあ、どこに向かう？

第2章 オンラインサロン

名古屋ローカルで『キングコングのあるコトないコト』という深夜番組があった。
毎週、芸人4～5人だけでバカ話を延々と続ける番組なんだけど、これが好評で。
収録終わりは出演者とスタッフが一緒になって呑みに行って、バカ話の延長戦。
思い出のどこを切り取っても、皆が笑っている。
出演者もスタッフも、全員が番組のことを愛していた。ホント、最高の番組だった。

ところが、ある日突然、番組は打ち切り。
視聴率が悪かったらまだ納得もいくんだけど、視聴率は毎週同時間帯トップ。
もちろん、テレビ局の編成部に食い下がった。

西野「なんで終わるんですか？　番組の雰囲気は良いし、数字（視聴率）でも結果を出してるじゃないですか」
編成「局の方針で、この時間帯はドラマ枠になることが決まりました。バラエティー番組は終了です」

悔しかったね。

手も足も出なかった。


なにより、番組立ち上げ時に「一緒に面白い番組を作ろうよ」と巻き込んでしまったスタッフに申し訳なかった。

本当に申し訳なかった。


番組が終了しても、局員には、まだ次の働き口はあったけど、フリーランスで活動しているスタッフには、それが無い。

働き口が突然無くなるんだ。

中には、生まれたばかりの赤ん坊を抱えているスタッフもいた。

突然の番組打ち切りで、突然、仕事を失ったスタッフ。

そして、その時のボクときたら、

彼らや、彼らの家族を守ることができなかった。
夢ばっかり語って、仲間の一人も守れないなんてバカみたいじゃないか。

これはテレビの世界に限った話じゃない。
社会に出ると、こんなことだらけだ。
上の方針や、お金を出してくれる人の気分で、ボクらの人生は右へ左へ振り回される。
そこに自由なんて無いんだよ。

この本の冒頭でも話したけど、ボクには、世間からボッコボコに殴られている中、それでも応援してくれたファンやスタッフがいる。
ボクの命を繋いでくれたような人達だから、何がなんでも彼らのことは守りたい。

でも、今のままじゃ、『キングコングのあるコトないコト』のようなことが、また起こってしまう。

キミにも似たような経験があるだろう？
こんなボクらが、自分の意志で守りたいモノを守る為にはどうすればいいのかな？
ボクは、こんな答えを出したよ。

ダイレクト課金を押さえろ

初めてクラウドファンディングに挑戦した日のことを今でも鮮明に覚えている。

2012年の12月か、2013年の1月か…たしか、その辺り（鮮明には覚えていない）。

そろそろ海外に仕掛けたいなぁと思っていたボクは、年末年始のクソ忙しい最中に、「来月、ニューヨークで個展をする」と言い出した。

もちろん何のアテもない。

ニューヨークに知り合いがいるわけでもない。

それでも言い出したら止まらない性分なので、ニューヨーク中のギャラリーに「来月、空いてませんか？ ボクの個展をやりたいんです」というトチ狂ったメールを送りまくった。

当然のように、どこからも相手にされなかったんだけど、一件だけ返事があった。

「4日間だけなら空けられるよ。キミの絵のファンより」

『ONE ART SPACE』というギャラリーのオーナーからだった。


ボクの絵を気に入ってくれたらしい。

すぐに、やりとりをして、1ヶ月後にニューヨークで個展を開催することが決まった。

ところが、ここで問題が発生する。


ニューヨークで個展を開催するための、お金が無かった。

「おいおい、お金が無いのにスタートさせちゃったのかよ」って話だよね。

言っておくけど、いつもこの調子だからね。

ボクのスタッフは大変だ。

ギャラリーを借りるのにもお金がかかるし、絵の運搬費や、会場の設営費、スタッフさんの渡航費やギャランティー…もろもろ入れて、ウン百万円というお金がかかる。

今からスポンサーを探しても間に合わない。

さて、どうしたものか。


そんな時に、クラウドファンディングに出会った。

聞けば、「インターネット上で企画をプレゼンして、共感してもらえれば、支援をいただけるシステム」だという。

これに賭けるしかない。


『ニューヨークで個展を開催したい』という企画を立ち上げて、個展開催資金を募った。

ところが、これは5~6年前の話だ。

当時はクラウドファンディングのことなんて誰も知らなくて、企画のプレゼンをする前に、クラウドファンディングのプレゼンをしなくちゃいけなかった。

こいつがなかなか大変。

Twitterで、【拡散希望】と頭に付けて、クラウドファンディングのことを呟いても、まるで拡散しない。

皆、得体の知れないものには手を出さないんだ。

仕方がないので、「キンコン西野」で検索して、ボクのことを呟いている人、一人一人にコチラからコンタクトをとった。

会いにいけるアイドルならぬ、会いに来る芸人だ。

《はじめまして。キングコングの西野です。実は今、『クラウドファンディング』というものに挑戦してまして…良かったら、コチラのサイトを覗いてみていただけませんか？》

怪しさ満開だよね。

宗教の勧誘感が半端ない（笑）。

でも、それしか方法がなかったんだよ。

「宗教」「乞食」……この辺の言葉はひととおり浴びたね。

例のごとく「自分の金でやれ」とも。

仕方がない。皆が知らないものに手を出す時には、この類の痛みは必ずセットで付いてくる。

たくさんの批判を浴びながらも、個展開催費用は2週間で531万1000円が集まった。

それは、時代が次のステージに進んだ瞬間だった。

個人でも活動資金を集められる

当時は「活動資金は、所属事務所やスポンサーが出してくれるもの」と信じきっていて、まさかウン百万円というお金を個人で集められるなんて思っちゃいなかった。

でもでも、よくよく考えてみたら、路上でシルクハットに投げ銭してもらっている芸人がそうじゃないか。

芸人が昔からやっていたことを、インターネット上でおこなっているのが「クラウドファンディング」だった。


もう事務所にお伺いを立てなくてもいい。

スポンサーのご機嫌をとらなくてもいい。

目の前にいるお客さんを、ただただ純粋に楽しませればいいんだ。

それで生きていける時代に入った。


そこから、ことあるごとにクラウドファンディングで活動資金を集めた。

他の誰よりもクラウドファンディングを使って、他の誰よりもクラウドファンディングで結果を出してきた。

芸能界の中でも、まだまだボクのことを叩く人はいたけど、次第に気にならなくなってきた。

彼らに気に入られなくてもボクの活動が止まらないからだ。

ただ、クラウドファンディングを使っているうちに、クラウドファンディングの〝打ち上げ花火〟感が気になってきた。

「目標金額に届くか否か」に一喜一憂して、皆でシェアを繰り返して……そのイチイチが共犯者を生んで、そのイチイチが企画の宣伝になるので、そこはクラウドファンディングの良いところなんだけど、だけどやっぱり〝打ち上げ花火〟だ。

立て続けに打ち上げたら、いずれ飽きられる。

スポンサーからではなく、事務所からでもなく、お客さんから直接支援していただける世界では、自分の頑張り次第で自由を勝ち取ることができるのは分かった。

ただ、活動費の軸足をクラウドファンディングに置くスタイルには、いずれ限界がくる。

そう考えていた頃に、「オンラインサロン」に出会った。

そして、この出会いが、ボクの生活や考え方を一変させた。

お金を払って働く未来

ボクは月額1000円の『西野亮廣エンタメ研究所』というオンラインサロンを運営している。

月額なので、〝打ち上げ花火〟感は無い。

これからの時代を語る上で、「オンラインサロン」の存在は外せないんだけど、「冒頭から何度も登場していたけど、オンラインサロンって、そもそも何なのさ?」って話だよね?

説明するよ。

キミの頭の中にあるイメージに一番近いのが「ファンクラブ」だと思う。

「ファンクラブ」は、ファンが会費を払って、特別なサービスを受け取っている。

他では知り得ない情報をもらったり、優先的にライブチケットが取れたり、あれやこれや。

ファンクラブの「サービスの流れ」は、アーティストからファンへの一方通行で、「お金の流れ」は、ファンからアーティストへの一方通行だ。

ここまでは問題ないよね？

話を進めます。


オンラインサロンがファンクラブと大きく違うのが、**「サービスの流れ」や「お金の流れ」が一方通行とは限らない**という点。

サロンメンバーからボクへサービスが提供される場合もあるし、ボクがサロンメンバーにお金を払うこともある。

（※サロンメンバー＝オンラインサロンの会員）

ちなみに。

『しるし書店』は、サロンメンバーと会議を重ねて、ボクからメンバーに開発費を払って、一緒に開発したんだ。

ちょっと不思議だよね。

サロンメンバーから集めたお金から、サロンメンバーのお給料が出ているんだよ。

そして、ここがポイント。

サロンメンバーがお金を払って働くこともある。

働く人がお金を払っているんだ。

「給料＝労働の対価」という常識で生きてきた世代からすると、このお金の流れは凄まじく謎だと思う。

ここの理解が追いつかない人は「宗教だ〜！」と騒ぎ出すんだけど、感情で結論を出す前に少し話を聞いて。

ボクは、『サーカス！　～世界で一番楽しい学校～』という学校イベントを時々開催している。

2000枚のチケットが一瞬で完売する超人気イベントだ。

YouTube（『サーカス！　OWNDAYS』）で検索してみて。

第１回の開催は2014年のこと。今年は８月に、過去最大規模でおこなわれた

実は、このイベントは、サロンメンバーが6000円を払って運

営スタッフとなり、せっせと働いている。

今年の夏の『サーカス！』では、専門技術を持ったスタッフとは別で、200名のサロンメンバーが**お金を払って働いたんだ。**

自発的に参加しているからスタッフは全員前のめり。会場のムードは最高だ

「なんで、働く上にお金を払わなきゃいけないんだ」

キミは今、そんな疑問を持っているかもしれないね。

でも、考えてみて。

「バーベキュー」がそうじゃない？

お金を払って、炭に火をつけて、肉を焼いて、一生懸命働いているよね。

バーベキューは、肉を食べるまでの「仕事」に価値があるとしたわけだ。

「プラモデル」や「パズル」もそうだね。

あれも、完成品にお金を払っているわけではなくて、「完成させること」にお金を払っている。

『サーカス！』も、それと全く一緒。

スタッフになれる権利を買った彼らは、美術セットを作ったり、照明を作ったり……『サーカス！』を作るまでの「仕事」に価値を見出した。

スタッフは、客席の最後列から、自分達が作ったイベントをニヤニヤしながら観ているんだよ。
文化祭に近いかもね。

これ、本当に面白くてね、『サーカス！』のチケットって、「SS席」「S席」「A席」「B席」、そしてオンラインサロン『西野亮廣エンタメ研究所』内だけで販売される「サーカス！のスタッフになれる権」があるんだけど、毎回、「スタッフになれる権」が一番初めに売り切れるんだ。
ホント、数秒で売り切れる。

と、なってくるとね。
今、2000席のうち、1800席が一般席で、200席がスタッフ席なんだけど、一般席を1700席にしてスタッフ席を300席にしてもいいわけじゃない？

ていうか、「スタッフになれる権」の方が「B席」よりも値段が高いので、イベントの売上のことを考えても、その方がいい。

ここを突き詰めていくと、究極は、**スタッフが有料で、お客さんが無料**というイベントを作ることができちゃう。

これまでの「お金」や「働き方」の常識が染み付いている人達からすると、もう、ワケがわかんないよね。

サービスを提供する側がお金を払っちゃってんだもん。

でもね、それぐらい今は「作ること」が娯楽になってきている。

完成品を受け取るのではなくて、完成させるまでの苦労や達成感に価値が発生しているんだ。

それに、「圧倒的に面白い作品」や「圧倒的に面白いイベント」の作り手側に回ると、自分の信用ポイントが上がる。

「サーカス！を作った俺」っていう感じで。

貯めた信用が換金できることは、すでに説明したとおり。

お金を払って働いた対価は、キチンと発生してるんだ。

オンラインサロンの中では、「お金を払って働く」が結構普通におこなわれているんだけど、実際にその現場を目の当たりにしてなかったら、まだピンとこないよね。

もう一つ実例を挙げるよ。

今、サロンメンバーと一緒に美術館を作ってるんだ。

『えんとつ町のプペル美術館』を作る

２０１８年の夏。

貯金を全額ブチ込んで、ボクの地元（兵庫県川西市）に広大な土地を購入した。


サロンメンバーと話が盛り上がっちゃってね、皆と一緒に『えんとつ町のプペル美術館』を作ることになっちゃった。

キミも学生時代に、文化祭でクラスの皆と力を合わせて巨大なオブジェを作ったりしたでしょ？

あのノリだよ。


さて。


土地を買ったはいいものの、当然、ここに美術館を建てなきゃいけないわけだ。

そこで、サロンメンバーの建築士さんに建築費の見積もりを出してもらったら「15億円」と言われちゃった。

漏れかけのウンコが全部漏れたよ。

だって、貯金は全部使っちゃったんだもん。

15億円なんて、どこから持ってくるの？

『えんとつ町のプペル美術館』とか言いながら、更地しか用意できていない。

こりゃ、ゲームオーバーかな？

いいや。ゲームスタートだ。

「作ること」がエンタメなんだもん。

更地でいい。むしろ更地の方がいい。

『えんとつ町のプペル美術館』は更地の状態でオープンすることに決めた。

ええ、そうですよ。

土と石っコロしかない更地です。

でも、この状態は『今』しかないわけじゃない？

数年後にはここに建物が建ってしまって、もう、更地だった頃の『えんとつ町のプペル美術館』を体験することはできないわけだ。

更地だった頃の写真は今しか撮れないんだよね。


ここに価値がある。


たとえば、「過去にタイムスリップして、建設途中のディズニーランドで写真が撮れるなら、10万円払うよ」って人、いるんじゃないかな？

その発想だね。

『えんとつ町のプペル美術館』は、今は更地なんだけど、この更地に入るには入場料（500円）がかかる。

『えんとつ町のプペル美術館』はもう始まっているんだ。

この構想をサロンメンバーに提案したところ、「先に看板を作って、お土産を販売しちゃおうよ」と返ってきた。
なるほどね。

看板に書く文字は『えんとつ町のプペル美術館建設予定地』ではなくて『えんとつ町のプペル美術館』にして、もう「これが美術館です」と言い切っちゃった方が面白そうだね。

きっと、この看板の隣で写真を撮りたい人がいる。
今しか撮れない看板だ。

入場料というのは、厳密に言うと、「入場料さえ払ってもらえれば、この看板の隣で写真を撮ってSNSにアップしてもらってもイイですよ」ということだね。
入場料を払ってないのに、私有地に入って、看板の隣で写真を撮ってSNSにアップしようものならバチクソ訴えてやるぞ！

スペインの『サグラダファミリア』って、作っている途中なのに『サグラダファミリア建設予定地』とは言っていないし、それどころか入場料をとっているじゃない？

『えんとつ町のプペル美術館』は、あれの進化版だね。

更地からスタートする。

そこに道路ができて、そこにゲートが建って……その過程のイチイチが『えんとつ町のプペル美術館』の展示作品。

建設費が15億円と言ったけど、それは〝完成するまでにかかる費用〟のことで、更地の段階から収益が発生しているので、ひっくり返るほどの数字じゃない。

ちなみに、この作り方をすると、最終的な建設費は15億円じゃきかないと思うけど、このことは皆にはナイショね。

美術館の中に作ったカフェで、サロンメンバーと一緒になって、

「お金が貯まったら、次は、あそこに巨大な煙突を建てたいね」と語り合う。

「そのお金は、どうやって集める？」ということも。

失敗も成功も苦労も達成感も、皆で共有するんだ。

完成したテーマパークにお客さんを呼ぶエンタメではなくて、お客さんと一緒にテーマパークを作るエンタメ。

美術館を作る会議が、また面白くてね、サロンメンバーは『会議の参加費』を払って、会議に参加している。

夜な夜な五反田にあるスナック『Candy』に集まって、缶ビールを傾けながら、アイデアを出し合っている。

会議の参加費は美術館建設費用にまわされる。

15億円を前にするとハナクソみたいな金額だけどね。

この前、サロンメンバーの古川君が会議という名の呑み会でナイスなアイデアを出してくれたんだ。

古川「いいこと思いついた」

西野「なに？」

古川「美術館の図面を起こして、ＡＲで、完成した美術館の姿が更地で見れたら良くない？」

10月中旬に開催された『プペル美術館』の会議。楽しすぎて朝4時まで続いた

西野「おお！　数年後に完成する美術館の中に入れるわけだ」
皆「なるほど！」
古川「いいでしょ？」
西野「メチャクチャおもろいね！　更地の入場料を払って、タブレットを持って、ニヤニヤしながら更地をウロウロしている人がいる」
古川「それそれ。ポケモンGOの美術館バージョン」
西野「天才じゃん！　あ！　ボクもいいこと思いついた！」
皆「なになに？」
西野「建設中の美術館のお土産の件」
古川「ほうほう」
西野「建設期間中にしか販売していないお土産ってメチャクチャ価値があるわけじゃない？」
古川「うん。今を生きている人しか買えないお土産ね」
西野「そう、それ。で、建設期間中にしか販売できないモノで、かつ、『えんとつ町のプペル』に関係あるモノって何があるかなあってずっと考えてたんだけど」

古川「答えは？」

西野「ゴミ」

皆　「ゴミ？」

西野「うん。オシャレなパッケージを作って、その中に美術館を作る時に発生するゴミを入れて販売しちゃう」

古川「なるほど！　ゴミ人間の物語だしね。ストーリーが繋がってる！」

西野「やろうよ、これ」

皆　「うん。すぐ、やろう」

西野「その前に乾杯だね」

古川「ナイスアイデアが出た打ち上げ」

皆　「かんぱーい」

オンラインサロン『西野亮廣エンタメ研究所』でおこなわれている会議は毎日こんな調子。

ボクらは何かと理由をつけて、すぐに乾杯するんだ。
ここでキミに訊きたいんだけど、
「1000円払えば、この会議に参加できる」って言われたら、どうする？

今、ちょっと揺れたでしょ？

それだよ。
オンラインサロンでは、こんな調子で「お金を払って働く」が普通に起きている。
オンラインサロンで起きている「お金の流れ」がなんとなく見えてきたかな？
そろそろスピードを上げるね。

「オンラインサロンで生きる」という選択肢

オンラインサロンは「町」だ。

お洒落な暮らしをしたい人は税金を払って吉祥寺（武蔵野市）に住むし、のどかな暮らしをしたい人は税金を払って富良野に住む。

同じ趣味や志を持った人間同士で集まって、そして、そのコミュニティーの中で仕事やお金を回して、集めた税金もその中で使う。あの感じ。

ボクのオンラインサロン『西野亮廣エンタメ研究所』は国内最大で、メンバーは現在1万2000人。（2018年10月現在）

夕張市の人口よりも多いらしい。


この人数になってくると、それこそ一つの「町」で、そこには、あらゆる職業が存在する。

ボクのサロンには、「エンジニア部」や「デザイン部」や「不動産部」、中には、公務員の情報交換を目的とした「公務員部」といった様々な部活動があって、経営者が集まる「経営者部」なんかは3000人を超えている。

サロンでの学びを実生活に持ち帰る人もいれば、サロン内で仕事を回す人もいる。

経営者部のメンバーは、イベントのロゴや、WEBサービスのデザインの依頼を「報酬○○円」とコンペ形式でデザイン部に投げたりしている。

ボクがWEBサービスを作る時は、エンジニア部にギャランティーをお支払いして開発をお願いして、デザイン部にギャランティーをお支払いしてデザインをお願いしている。

先日、経営者部から、「都内に貸し会議室があると助かるんだけど……」と相談されたので、サロンメンバーだけが利用できる貸し会議室を都内に作ったんだけど、これも、不動産部にギャランティーをお支払いして物件を探してもらって、建築部にギャランティーをお支払いして、内装工事をお願いした。

プロジェクトごとに集合と解散を繰り返しているんだけど、制作過程のイチイチを1万2000人全員が共有しているので、次に新チームを結成する時に、世界観やルールをゼロから説明しなくても良い。

そして、全員が「次、こんなプロジェクトがあるんだけど、やりたい人は、この指、とまれ~」でスタッフを集めているので、そもそも、そのプロジェクトには前向きなスタッフしかいない。

おかげで仕事のスピードとクオリティーはピカイチ。

大企業なら1年かかることでも、ウチなら1週間ほどで決着がつく。

んでもって、話はここからなんだけど…。

毎度、「いい仕事をするなぁ~」というメンバーが数人いるんだけれど、どこの会社にも所属していない「フリーランス」の人が多かったりするんだよね。

その代わりに、彼らは複数のオンラインサロンを渡り歩いている。ボクのオンラインサロンだったり、ホリエモンのオンラインサロンだったり。

その先々で、面白そうなプロジェクトがあれば、「ボク、やります」と手を挙げて、仕事を取っている。

彼らは「面白いプロジェクト」にしか参加していないので、「いつも面白いことをしている」という信用を稼いでいる。

何度も言うけど、稼いだ信用は換金できる。

ある時、彼らに「会社に所属しない理由」を訊いてみると、なんとも痛快な答えが返ってきた。

「会社に所属してしまうと、会社の事情で場合によっては『面白くないこと』に参加しなければいけなくなって、信用を落としてしまうじゃないですか」

固定給と引き換えに信用を落として、〝自分の力でお金を作れない身体〟になってしまうことが、貯信時代では最も危険なことだということを彼らは知っているんだ。

ボクのように仕事を依頼する側は、そのプロジェクトに対して前向きなスタッフだけが集まってくれた方が助かるし、仕事を受ける側も、自分が参加するプロジェクトは自分で選びたい。

この両者を繋いでくれる装置が、「オンラインサロン」だ。

誰でも発信できるようになった一億総クリエイター時代とオンラインサロンは非常に肌が合っている。

そして、オンラインサロンが盛り上がれば盛り上がるほど、在り方を考えなきゃいけない組織が出てくる。

「会社」だ。

コミュニティーの時代に
生き残る会社の条件

オンラインサロンを利用して、個人がやりたい仕事だけを選べるようになってきたこの時代に、仕事内容をバッキバキに決めてしまう「会社」の立ち位置は難しい。


結論から言うと、**社員に利用されない会社は廃れる。**

これは間違いないね。


自分で発信して、信用を稼いで、稼いだ信用を換金できるようになった。

「お金」は、その気になれば自分で作れる時代になったので、優秀な人材ほど『給料』で釣ることが難しくなる。


彼ら（優秀な人材）が追い求めるのは、「高い給料を貰っている自分」ではなく、「常に面白いことをしている自分」だ。

信用さえ稼いでしまえば、お金は後から手に入れられるからだ。

何度も同じことを言ってゴメンね。

こうなってくると会社は、社員に対して「面白いことができる環境」を提供するしかない。

これから生き残るのは「社員を使う会社」ではなくて、「社員に使われる会社」だ。

「あの会社、メチャクチャ使いやすいよ」となれば、ホイホイと才能が集まってくるし、「あの会社、給料はいいんだけど…」となってしまうと、見事にポンコツしか集まってこない。


ホラ。

時々、「事務所から干された」って話を聞くじゃない？

あれなんて最悪だよね。

まったく今の時代に合っていない。

「干す」をチラつかせる芸能事務所に、次代の才能が集まるわけがない。

とくに今なんて、芸能事務所を経由しなくても、自分の表現を発信できるようになったので、尚更。

このご時世に「干す」なんて言っている芸能事務所は、まもなく時代から干される。


個人の信用が換金できるようになった。

いい加減、会社も芸能事務所も変わらなくちゃいけない。


そんな時だ。


そういえば昔からビックリするくらい自由にやらせてくれている吉本興業に恩返しがしたくなったので、吉本興業のアップデートを考えてみることにした。

あまりにも突然だよね？

「芸能事務所のアップデート」という実験に興味が湧いたという説もあれば、社長に酒で買収されたという説もある。

正解は後者だ。

京都で御馳走になったスキヤキがとても美味しかった。

とにかく恩返しをする。

ここで言う恩返しは、「気持ち」とか、そういう生ぬるい話じゃなくて、「具体的に吉本の売上を上げる」というやつね。

ついでに吉本興業が世界一の芸能事務所になれば、面白い。

「はてさて、どうすればそれが可能かしら?」

吉本興業が今現在眠らせている才能。そして貯信時代。

この二つを照らし合わせて2~3分考えてみたところ、綺麗な答えが出たので、これから、その話をするね。

たぶん、この先の芸能界の形が少し変わると思う。

吉本興業2・0

そんなこんなで吉本興業をアップデートする。

まずは、今現在、所属タレントが吉本興業に対して抱えてそうな不満を挙げてみよう。

さっきも言ったけど、「使いやすい事務所」になった方が才能は集まってくるので、不満は早々に解消しておこう。

パッと思いつく不満は二つ。

「仕事を貰えない」問題

吉本興業は社員650人。それに対し、所属タレントの数は、なんと6000人。

芸能事務所は、事務所が仕事を取ってきて、所属タレントに分配するんだけど、吉本興業の場合だと、数百人が取ってきた仕事を、6000人に分配しなきゃいけない。

すると「分配しきれない問題」が発生して、仕事を分配してもらえなかったタレントから「事務所が仕事をくれない」という不満の声があがる。

それに関しては、「オマエ（芸人）がもっと頑張れよ」という話なんだけど、そういった正論はこの際抜きにして、今回は、この不満の解消だけに目を向けてみる。

「事務所のお財布」問題

以前、先輩方が一丸となって、「ギャラを上げてくれ」と社長に直談判しに行くという、涙ぐましい事件があった。

数時間の話し合いの末、撃沈。

結局、ギャラは上がらなかったらしい。

ひとつ確かなことは、先輩方が「ギャラに対しての不満を持っている」ということだ。

所属タレントが抱えている不満は、この二つ。

「仕事を貰えない」

「ギャラが安い」

これを解消する。

どうすんの？

まずは、「ギャラが安い」問題から。


社長に直談判しに行くのは、とても良いことだと思う。

ただ、それは「雇われている側」の発想なんだよね。

これは芸能事務所に所属しているタレントだけに限った話じゃなくて、会社で働くすべての人に言えることなので、キミも覚えておくといい。


給料を上げてもらう時に考えなきゃいけないのは、「雇う側の事情」

で、給料が上げられないのには、給料が上げられない理由がある。

個人が個人の財布からお金を出してモノを買うように、会社も会社の財布からお金を出して社員を買っているんだ。


つまるところ、自分を高く買ってもらいたければ、会社の財布に入るお金を増やしてしまって、〝給料を上げられる状態〟を作ってあげればいいわけだ。

今回の場合だと、吉本興業の売上を極端に上げればいい。

どうやって吉本興業の売上を上げるの？

ここで「仕事を貰えない」と不満をこぼす人達の出番。

吉本に所属している6000人のタレントの中で、事務所から貰っている仕事だけで生活できている芸人は数百人。

残りの5000人以上の芸人は、アルバイトをしている。

つまり、5000人分の労働力が各アルバイト先に落ちているわけだ。

芸人が居酒屋で、お客さんを楽しませて、居酒屋の常連客を増やしても、吉本興業には1円も入っていない。

勿体ないよね？

そこで。

「6000人の芸人が自分で仕事を取りにいけるプラットフォーム」を吉本で作ってしまって、そのプラットフォームの「手数料」が吉本に入るようにする。

たとえばボクはクラウドファンディング（CAMPFIRE）のリターンで『講演会に西野を呼べる権利』を販売している。

言ってしまえば、ネット上で直接営業している状態だね。

そして、その時の手数料はCAMPFIREさんに入っている。

ボクはこれまで、CAMPFIREさんのクラウドファンディングで1億2000万円ほどを集めているので、まあ結構な手数料をCAMPFIREさんに納めている。

ボクはCAMPFIREさんのことが好きなので、それで全然構わないんだけど、キミが吉本興業の社長だったら「その手数料、ウチに頂戴よ～」となるよね。

てなわけで、もう吉本興業でクラウドファンディング自体を作ってしまって、6000人の芸人に、このクラウドファンディング上で直接営業してもらって、その「手数料」が吉本興業に入るようにしちゃう。

自分で仕事を取りにいけるようになれば、仕事の有無は120％自分の責任なので「仕事を貰えない」という不満も消える。

吉本興業は、これまでどおり「会社が取ってきた仕事の売上」に加え、「6000人の芸人が取ってきた仕事（クラウドファンディングの手数料）」の二本柱で収益を出す。
事務所の財布に入るお金が増えるので、ギャラの不満も多少は解消されるんじゃないかな。

というわけで、さっそく社長に連絡。

西野「吉本発のクラウドファンディングのプラットフォームを作っていいっすか？」
社長「いいよー」

こんな感じで、吉本興業は日本の芸能事務所で初めて自社のクラウドファンディングを作ることになった。
だけど、そういえば吉本はＷＥＢ開発が得意じゃない。
だからと言って、完全に外部に開発を任せてしまうと、センスの悪いサイトが仕上がる恐れもある。

ここで、オンラインサロン『西野亮廣エンタメ研究所』の登場。

「吉本興業のクラウドファンディングを作ることになったのですが、やりたい人います？」とエンジニア部に投げてみた。

すると、たくさん手が挙がったので、その中からセンスの良い人に声をかけて、サロンメンバーと一緒に、「吉本興業発のクラウドファンディングプラットフォーム」を開発することにした。

開発のイチイチを1万2000人のサロンメンバーが共有している。

リリース前には1万2000人でテスト運転。

メンバーはユーザー目線で、「ここが使いにくい」「ここは、もっとこうして欲しい」と意見をくれた。

ものの20〜30分で200個近い改善点が見つかった。

エンジニア部にはサイバー攻撃を依頼して、サイトの防御力チェック。

何度か攻撃が決まって、サーバーがダウン。

リリース前で良かった。


サービスをリリースする頃には1万2000人が「自分達が作ったサービス」となっているので、自分事として宣伝してくれた。

サービスのテストもできるし、宣伝もできるし、リリース前にオンラインサロンを絡めるのは結構イイ。


あとは、サイトの名前。

吉本興業発のクラウドファンディングなので、やっぱり芸人の匂いが漂う名前の方がいいよね。

コンセプトが明確なので、名前は迷わず決まった。


『シルクハット』だ。

オンラインサロンを駆使して、ニュースを作る

せっかくなので、『えんとつ町のプペル美術館』の建設費用の一部を『シルクハット』で集めてみることにした。

これが話題になって『シルクハット』の利用者が増えれば、吉本興業にも還元できるので、話題を作ることに決めた。

キミなら、どんな手を使って『シルクハット』のニュースを作る?

ボクが考えたのは、これ。

『誰も知らないサイトなのに、初日で数千万円を集める』

デタラメかな?

いいや、キチンと準備をすれば不可能じゃない。

単純な話、リターン（お返しの品）が数千万円分売れたらいいわけで、「どのリターンがどれくらい売れるのか」という情報を事前に仕入れておいて、確実に売れるリターンを数千万円分用意すればいいわけだ。

それって、どうすんの？

ここで、またもやオンラインサロンの出番。

オンラインサロンの中で事前にリターンの候補を数十パターン出して、「どのリターンなら買おうと思いますか？」とアンケートをとってみた。

予約販売前に、各リターンの需要を洗い出したわけだ。

その繰り返しで、需要の無いリターンは削って、需要のあるリターンの枠を増やした。

そのリターンの合計金額が数千万円を超えるようにして、吉本興業発のクラウドファンディング『シルクハット』の第一弾企画となる『えんとつ町のプペル美術館をつくりたい！』をスタート。

計画通り、支援額は初日で3千万円を突破。

オンラインサロン内でおこなわれていた根回しを知らないので、やはり世間では大変な話題となった。

オンラインサロンでニュースを作りにいったんだ。

オンラインサロン
オーナーの条件

ここまで話すと、今、キミの頭の中にあるのは、次の三つのうち
のどれかじゃないかな。

①「へぇ、オンラインサロンっていうのがあるんだぁ」
②「西野さんのオンラインサロンに入ってみようかな」
③「自分もオーナーになって、自分のオンラインサロンを持ちたい
なぁ」

②に関しては大歓迎。
『西野亮廣エンタメ研究所』での学びを実生活に持ち帰るも良し、『西野亮廣エンタメ研究所』で仕事を取るも良し、『西野亮廣エンタメ研究所』を利用して自分の名前を売るも良し、『西野亮廣エンタメ研究所』で毎朝投稿される記事を、朝刊のように読むだけでも良し（ほとんどの人がこれ）。

合わなかったら1ヶ月で辞めればいいと思うし、他のオンラインサロンを覗いてみるのもいいと思う。

キミがどこで生きるかはキミの自由だ。

キミが③を選ぶのなら、それはそれで応援したい。

というわけで、ここからは、国内最大のオンラインサロンを運営するボクが、日本で一番説得力のある「サロンオーナーに必要な条件」についてお話しするね。

まず、押さえておかなきゃいけないのは、オンラインサロンもクラウドファンディング同様、「信用を換金する装置」だということ。

今、いろんな人がオンラインサロンを立ち上げているんだけど、第1章の座標軸を使って説明すると、上手くまわっているサロンオーナーは、皆、右上にポジションをとっている人ばかり。

TVタレントさんがやっているオンラインサロンは、あまり盛り上がっていないんだ。

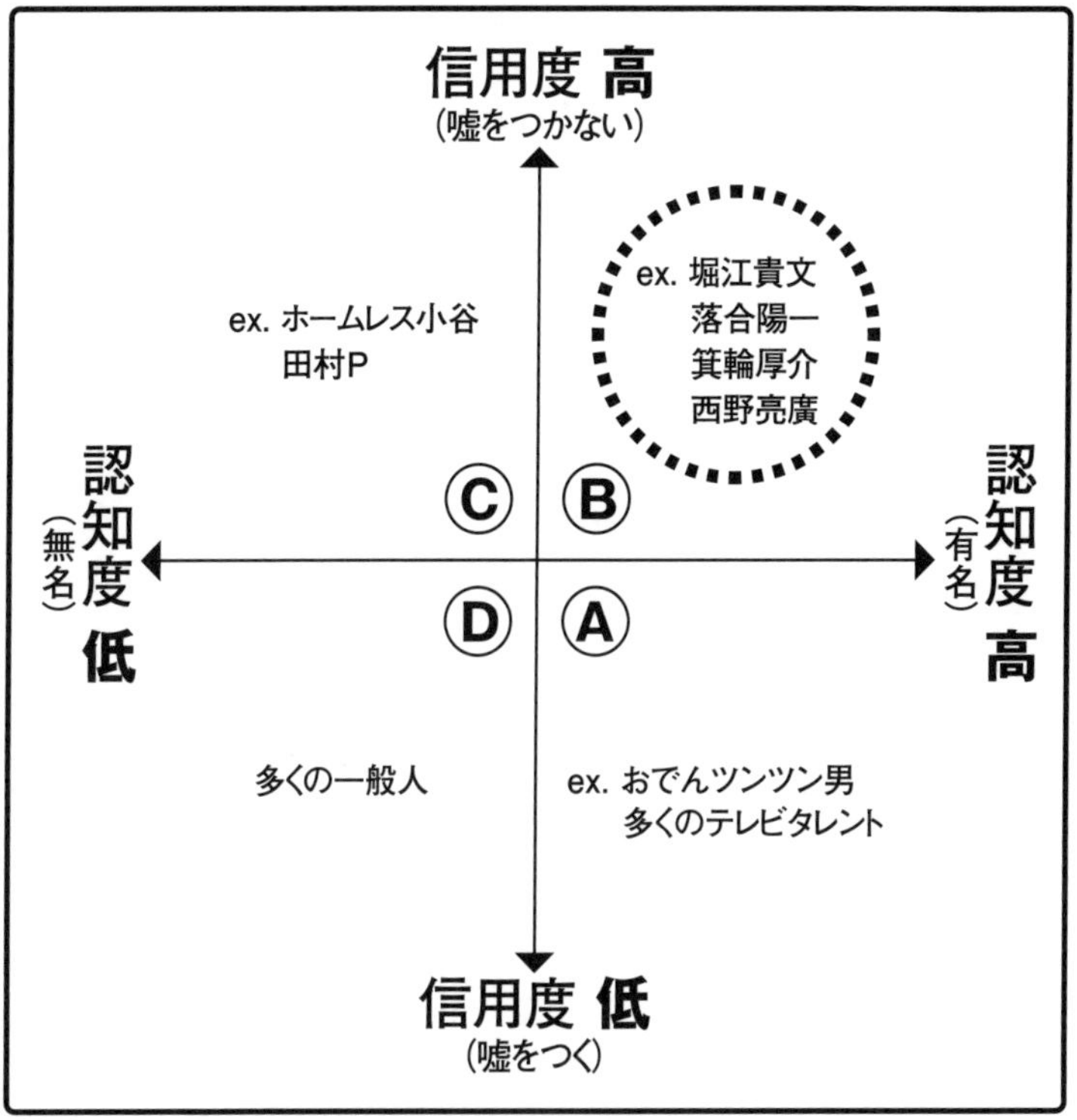

信用度 高
(嘘をつかない)
ex. ホームレス小谷
田村P
ex. 堀江貴文
落合陽一
箕輪厚介
西野亮廣
認知度 低
(無名)
認知度 高
(有名)
Ⓒ
Ⓑ
Ⓓ
Ⓐ
多くの一般人
ex. おでんツンツン男
多くのテレビタレント
信用度 低
(嘘をつく)

もう大体、分かってきたでしょ？

そう。「有名であればいい」というわけじゃない。

必要なのは「信用」だ。


そして、もう一つ。

盛り上がりを見せている感のあるオンラインサロンだけど、少し前は「オンラインサロン」というだけで飛びついていた層も、ここ最近は内容を吟味するようになってきた。

今は、メンバーが増え続けているサロンと、徐々に減っているサロンの二極化が進んでいる段階。

この二つのサロンの違いは何だろうね？

説明するよ。


現在、オンラインサロンは〝迫害段階〟なんだ。

5～6年前のクラウドファンディングと全く同じで、今、オンラインサロンをやっていると、「宗教でしょ？」とか言われちゃう。

オーナーもメンバーも両方ともね。

メンバーからすると、毎月、いくらかお金を払って参加してるというのに、たまったもんじゃないよね。

オーナーは、メンバーが味わっているこの痛みを拭ってやらなきゃいけない。

でも、どうやって？


答えはカンタン。

「オンラインサロンで美術館を作りました」

「オンラインサロンで『えんとつ町のプペル』を作りました」

といった「具体的な成果物」を水戸黄門の印籠のように「ドーン！」と出せばいい。

その印籠（成果物）が確かなモノであればあるほど、周りは批判できなくなる。


一方で、その印籠を出さない限り、メンバーは「中で怪しいことをしているに違いない」という目を向けられ続ける。

当然、サロンを続けることが辛くなってきて、まもなく離れる。

オーナーに必要なのは、印籠を作れる生産能力で、それを持ち合わせていないとちょっと厳しいかな。

「みんなが集まれる場所を提供しま～す」だけでは、乗り切れない。**批判を全て跳ね返すだけの圧倒的な作品をコンスタントに発表できる力が必要だね。**

幻冬舎の箕輪さんのオンラインサロンでは、年間に100万部の本を売っているし、ホリエモンのオンラインサロンでは宇宙ロケットを飛ばしている。

オンラインサロンを運営する上で無視できない「男」と「女」。

今、いろんなオンラインサロンが立ち上がっているけど、見ていると、「女性限定サロン」は結構苦戦している。

この結果に対するボクなりの見解をお話しするね。

『西野亮廣エンタメ研究所』には、女性しか入部できない「女子部」がある。

この前、部長に頼み込んで、『女子部』を少し覗かせてもらったんだ。

すると驚いたね。

女性だけのコミュニティーって、方々にお伺い立てまくりで、とにかく話が前に進まないんだよ。

2秒で決着がつくような案件を、平気で1週間ぐらいウダウダ議論して、途中で誰かが「私、こんなに頑張ってるのに～」と泣き出したりする（笑）。

その光景が不思議すぎて、部長に話を聞いてみた。

西野「性別だけで判断するのは絶対に間違っているってことは百も承知でお聞きしたいんだけど…」
部長「はいはい」
西野「一般的に、女性の会話って、なんで進まないの？」
部長「そもそも進める気があまりないのかもしれませんね」
西野「へ？」
部長「一概には言えませんが、女性は、男性とは全く逆で、『結論』よりも『過程』に重きを置いています。女性って、話の『オチ』を二の次にしている感じがあるでしょう？」
西野「あるっ！」
部長「女性って、会話が脱線しまくるでしょう？」
西野「しまくるっ！」
部長「男性からすると不快かもしれませんが、女性は、『辿り着くこと』ではなくて、『走り続けていること』が目的なので、女性ルールでは、あれは正解なんです」
西野「ぶ、部長〜っ！（感動）」

部長の説明に膝を打ちまくるボクでした。
おかげで、女子の生態が見えてきましたよ。

さらには女性が会話に予防線を張りまくるのは、彼女らの生存戦略で、カドが立ってしまうと、そのコミュニティーで生きていけないから、「ありったけのオブラートで、カドをコーティングしまくる」ということも。

これ、女性の生存戦略というか、メスの生存本能で、メスは集団で行動しないと他の動物に殺されてしまうので、常に集団で行動するようにプログラミングされているんじゃねえかしら？　と個人的には思っています。
（例：「一緒にトイレに行こうよ」）

話を戻すね。

女性限定コミュニティーには会話の面白さはあるけど、一方で、話が前に進まないので、具体的な成果物を出すのには、あまり向いていない。

具体的な成果物を出せなければ、サロンメンバーは外野からの批判を浴び続けるので、次第に疲弊してくる。

女性限定サロンを運営するのは、少なくとも迫害段階にある今は、少し難易度が高いかも。

ただ、車にブレーキが必要なように、プロジェクトを走らせる時もブレーキが必要だ。

結果を急ぎすぎる男性に対して、「もう少し考えようよ」というブレーキを踏んでくれる女性の声は必要だ。

ちなみに今、『西野亮廣エンタメ研究所』の男女比は男65%、女35%なんだけど、これが結構イイ。

実は、この『新世界』も、最初は『西野亮廣エンタメ研究所』の中で原稿を発表したんだけど、グイグイ話を進めるボクに対して、女性メンバーが言ったんだ。

女性「もう少し話のペースを落として、要所要所に西野さんの心情を入れた方がいいですよ」

西野「そうなの？」

女性「世間の皆さんが知らない話を書いているんだから、まずは西野さんに興味を持ってもらわないと」

西野「はい、わかりました」

女性「興味のないオッサンが熱弁する『知らない話』なんて、誰が聞くんですか？」

西野「『わかりました』って言ってんじゃん！」

女性「西野さんって、『世間をブッちぎってる自分』に酔いがちですよね」

西野「『わかりました』って言ってる！」

結果、ボクの心情を入れて書き直した『はじめに』を発売2ヶ月前にネットに公開したところ、Amazon書籍総合ランキングで1位になった。
「ロジック」を好む男性メンバーだけに意見を伺っていたら、この結果はなかったんじゃないかな。

女性だけだと前には進まない。
だけど、女性の意見はとっても大事。
キミがオンラインサロンを作る時は、この男女のバランスを意識するといいと思うよ。

オンラインサロンのプラットフォームのサポート内容と手数料

オーナーとしてオンラインサロンを始める時の方法を知っておいた方がいいよね。説明します。

始め方は二つ。

① 既存のプラットフォームを利用しちゃう。

② 入会ページや、決済の仕組みを自分で作って、自分で運営する。

堀江さんや箕輪さんは①。

堀江さんはDMMのプラットフォームを、箕輪さんはCAMPFIREのプラットフォームをそれぞれ利用している。

いずれもプラットフォーム側に申請を出して、審査が通ればスタート。

一方、ボクのオンラインサロンは②。

既存のプラットフォームは利用せず、自分で入会ページを作って、自分で運営している。

それぞれの違いを説明するね。

結局、使うのはFacebook

既存のプラットフォームを利用しようが、自前でやろうが、**結局、サロンメンバーとコミュニケーションをとる時に利用するのは、Facebookの「非公開グループ」だ。**

① 入会者をFacebookの「非公開グループ」へ案内。
② 退会者をFacebookの「非公開グループ」から削除。

プラットフォームを利用した場合は、この①と②の作業をプラットフォーム側がやってくれて、自前でやる場合は、この①と②の作業を自前でやることになる。

オンラインサロンのプラットフォームに支払っている「手数料」

の内訳は、「カード決済にかかる費用」に加えて、この、Facebookの「非公開グループ」への**「入退会の作業料」**と考えるといいと思うよ。

プラットフォーム手数料は10％～20％強

とっても大切なことなので、ここは押さえておこう。

オンラインサロンのプラットフォームを利用する時に発生する「手数料」は、プラットフォームによって違っていて、だいたい10％～20％強ほど。

キミのサロンの売上が１００万円であれば、プラットフォーム側に支払う「手数料」は10万円～20万円。

キミのサロンの売上が１０００万円であれば、プラットフォーム側に支払う「手数料」は１００万円～２００万円。

この数字に引っかかったと思うんだけど、そうなんだよ。**キミが頑張ってメンバーを増やせば増やすほどプラットフォーム側に支払う「手数料」がバカらしくなってくる。**

ちなみに、自前で入会ページを作って運営する場合、かかる費用は、**入会ページの作成費（最初だけ）と、カード決済手数料の3%ほど。**その代わり、メンバーの入退会の作業は自分でやらなきゃいけないよ。

ボクのオンラインサロン『西野亮廣エンタメ研究所』は1万人を超える大きなグループなので、さすがに入退会の作業はスタッフさんを雇って、作業をお任せしている。

ただ、こちらは「固定給」なので、人数が増えたからといって、「手数料」が上がるなんてことはない。

ボク的には、この形が一番理想かなぁと思ってる。

既存のプラットフォームを使って、頑張ってメンバーを増やした時に「手数料が高いなぁ」と思っても、もう遅い。

そこからプラットフォームを卒業して、自前で始めるとなると、**これまで頑張って増やしたメンバーが一旦ゼロになる。**

ここを踏まえて、プラットフォームを利用するか、自前でやるかを決めた方がいいと思うよ。

なんでプラットフォームによって手数料がこんなにも違うの？

プラットフォームの手数料に10％～20％強という大きな幅がある理由は、**「サポートの充実度」**だ。

DMMは、手数料は少し上がっちゃうんだけど、その分、サポートが充実していて、会議室の貸し出しをやっていたり、他にも色々。

「別に、会議室の貸し出しとか要らない」
「もし会議室を借りる時は、その時だけ自腹で払えばいい」

というのであれば、手数料が10％のCAMPFIREを利用するのもイイかもしれないね。

CAMPFIREは、そもそもFacebookの「非公開グループ」の利用を前提とした設計ではなく、そのプラットフォーム内でサロンメンバーとやりとりする設計になっている。

ただ、やっぱりFacebookでのやりとりの方がスムーズなので、結局、サロンメンバーをFacebookの「非公開グループ」に移動させているのが現状だ。

その時、Facebookの「非公開グループ」への入退会作業はキミがやることになってくるので、自前のオンラインサロン（手数料3％）と作業量は変わらないのに、手数料10％を支払うということになってしまう。

その「プラス7％」を、どう受け止めるかは、キミ次第。

入退会の手続きや、決済まわりでトラブルがあった時に、プラットフォームを利用していれば、プラットフォームの責任になるので、**「プラス7%」分はリスク回避代**として考えることもできるね。

こうやって話していて思ったんだけど、『西野亮廣エンタメ研究所』の中で、ウチのサロンメンバーが、もっとカジュアルにサロンオーナーになれるプラットフォームを作ってもいいかもしれないね。

1万2000人もいれば、何人かは「自分のオンラインサロンを立ち上げたい」というメンバーがいるかも。

ちょっと皆に聞いてみるよ。

金銭面での失敗を無くす方法。

『西野亮廣エンタメ研究所』では、大規模なイベントを運営したり、美術館を作ったり、絵本や映像作品を作ったり、お店や会議室を作ったり、まぁ、毎日なんやかんやと作っている。

WEBサービスもポコポコ作っていて、『しるし書店』や『シルクハット』の他に、今、オンラインギャラリー『プペル』というのを作っている。

ちょっと、このサービスの説明をさせてもらうね。

誰でも情報を発信できる時代になって、クリエイターになるコストがグンと下がった。

「一億総クリエイター時代」と言っても過言じゃない。

キミのまわりにも「クリエイター」を名乗る友達がいるんじゃないかな？

でも、実際問題、「無名なクリエイターさんのオリジナル作品」って、なかなか手に取ってもらえない。

そこで、こんなことを考えてみた。

西野亮廣の絵本作品の著作権を全てフリーにして、オンラインギャラリー『プペル』で、西野亮廣の絵本に出てくるキャラクターの油絵やヌイグルミ、またはオリジナルサイドストーリーのデータなどを販売できるようにする。

こうすれば、ボクの絵本の作品を目当てにやって来たお客さんの目が「無名なクリエイターさん」に向く。

「無名なクリエイターさん」は、そこでファンを掴んで、その後に自分のオリジナル作品を届ければいい。

オンラインギャラリー『プペル』は、「無名なクリエイターさん」が一人立ちするまでをサポートするサービスだ。

でもコレって、めちゃくちゃニッチなサービスだよね。

大前提として、西野亮廣の絵本に興味を持っている人しかギャラリーにやってこない。

「なんで、そんなニッチなサービスをわざわざ作るの？」

「失敗したら、どうするの？」

当然、こんなことを言われる。

ＷＥＢサービスを開発するのも、運営するのも、結構、お金がかかっちゃうんだ。

皆は、コケる確率が極めて高いＷＥＢサービスを作るのが不思議でしかたないみたい。

ま、そりゃそうだよね。


でもね。

少なくとも「お金」面では、このサービスは失敗しない。

「このサービスがコケたら、『このサービスはコケるんだ』というデータが取れるので、それは失敗じゃない。コケた理由が分かれば、次は同じコケ方はしないので、ブチ込んだお金は『勉強代』だ」……と、まぁ、こんな感じの「失敗も捉え方次第」的な考え方は方々で聞くこともあると思う。

ここでボクがお話ししたいのは、それじゃない。

ちょっと考えてみて。
勉強代を払ってボクの企画がコケた原因と、その被害額を入手したい人って、ボクだけかな?

いいや。

ボクと同じようなことを考えている起業家さんは、自分がコケない為に、少しお金を払ってでも、ボクがコケた「データ」は欲しいハズだよね。

オンラインギャラリー『プペル』なんて、「ボクの絵本にまつわる作品だけを出品できるギャラリー」という超ニッチなサービスだ。

このサービスが成功するか、コケるか。

もしコケる時は、どんな理由で、どれぐらいの規模のズッコケなのか？

オンラインサロンで、その「失敗」を販売するんだよ。

『西野亮廣エンタメ研究所』は月額1000円。

月に1000円を払って、ボクの挑戦の失敗の原因と被害額を知りたい人がいる。

その人達が支払ってくれる月額1000円で、オンラインギャラリー『プペル』の開発＆運営費を払う。

『しるし書店』なんて最たるもので、**『しるし書店』単体では黒字化できていないんだけど、『しるし書店』をやって、その裏側の数字を**

開示することで、オンラインサロンの会員が増えて、そこで運営費は回収できている。

「失敗は捉え方次第で成功に変わる」という精神論じゃなくて、オンラインサロンさえあれば、「失敗」を売ることで開発費用は回収できるから、「金銭面での失敗」なんて存在しないよー、という話。

キミが、その一歩を踏み出せない理由の一つに「金銭面での失敗」がある。

その理由を、オンラインサロンを使って潰すんだ。

『西野亮廣エンタメ研究所』が作る未来

参考までに、『西野亮廣エンタメ研究所』で「今やっていること」と「これからやること」を発表しておくね。

現在、お楽しみいただけるコンテンツは…

① 毎朝、「西野が本気で書いたサロン限定記事」が読める。
②「サロン限定生配信」が観れる。
③「サロン限定イベント」に参加できる。
④ 制作スタッフとして参加できる。
⑤ 仕事のオファーを出すことができる。
⑥ 仕事のオファーを受けることができる。

ザッと、こんなところ。

「西野が本気で書いた記事」というのは、まあ、この本『新世界』の文章をイメージしてもらえるといいかな。

ええ。なかなかの長文を毎朝投稿しています。

ほら。忙しかったり、人見知りだったりで、サロン限定イベント等に参加できない人もいるわけじゃない？

なので大前提として、『西野亮廣エンタメ研究所』は月額1000円の『読み物』として満足いただけるレベルにしています。

こう見えて、文章を書くのは少しだけ得意なんだよ。

ここまでが「今やっていること」で、次に「これからやること」の話をするね。

『西野亮廣エンタメ研究所』でお楽しみいただけるコンテンツに、この先、この三つを追加しようと思っている。

⑦「サロン限定絵本」が読める。
⑧「サロン限定番組」が観れる。
⑨「サロン限定映画」が観れる。

ボクが狙っているのはココ。

サロンメンバーしか観れない作品を、サロンの売上から作っちゃう。

すでに絵本は作ったよ。

かれこれ2年半かけて作った絵本『チックタック～約束の時計台～』は、『西野亮廣エンタメ研究所』限定コンテンツだ。

2019年の春にサロン限定で公開しちゃう。

『ほんやのポンチョ』の次に控えるのが『チックタック～約束の時計台～』だ

今はサロンメンバーが1万2000人だけど、2019年の年末までには3万人にして、2020年の年末までには10万人にする。

メディアの都合で、大切な友達が振り回されるのをボクは見たくないので、もう、ボクがメディアになる。

『Netflix』や『Hulu』や『Amazon』がやっていることを個人でやっちゃうんだよ。


そうすれば、ある日突然、理不尽な解散を告げられることもないだろう？

明日も明後日も、友達と一緒に走ることができる。

たぶん、『キングコングのあるコトないコト』の一件が、よっぽど悔しかったんだと思う。

「思う」じゃないな。本当に悔しかった。


大人になるとね、学生時代のように、気持ちだけで友達を続けることが難しくなってくるんだ。

皆、養わなきゃいけない家族やスタッフがいるから。

ボクらは、**お互いに結果を出し続けて、お互いにメリットを与え続けられる状態を作っておかないと、一緒にいれる時間が減っちゃうんだよ。**


今でも時々、考える。

あの時、理不尽な解散を告げられていなかったら、もしかしたら昨日の夜も「次は、あれをしようぜ。その次は、これをしようぜ」というバカ話ができていたかもしれないって。

女々しいな、ホント。

でも、お互い頑張っていれば、まだ一緒にいれたかもしれないじゃない？


頑張ろうにも、頑張る土台がなきゃ頑張れない。

だから、土台（メディア）から自分で作ろうと思った。

『西野亮廣エンタメ研究所』でやろうとしていることは、それだね。

そして、メディアにする為には、キングコング西野の発信（作品）におんぶに抱っこじゃダメだ。
一人の発信は、いつか老いて、息絶える。
やらなきゃいけないのは、Amazonが「買い物」を押さえたように、Googleが「検索」を押さえたように、**人間が生きていく上で必要なモノ**を押さえること。それを収入源にしないことには強いメディアには成り得ない。

そんなことを考えながら、オンラインサロン『西野亮廣エンタメ研究所』の中で毎日試行錯誤を繰り返していたら、ようやく人間が生きていく上で必要なモノに辿り着いたよ。

「地図」だ。

第2章はこの話で終わりにしたいと思う。
世界のどこにもない、キミだけの『地図』の話。

キミだけの地図

旅先で少し時間が空いたので、髪を切ろうと思い、近所の美容室を検索。

その時、ふと思った。

「ありゃ？　そういえば、ボクのオンラインサロンって1万2000人もいるんだから、近くで美容室を経営しているメンバーがいるんじゃね？」

どうせお金を落とすなら、ボクのことを応援してくれたり、ボクと同じようなことを面白がっている人の店に落としたい。

そこで、すぐに『西野亮廣エンタメ研究所』に記事を投稿。

《今、大阪ミナミにいるんですけど、近くで美容室を経営してる方います？　髪を切ってもらいたいッス》

まもなく近所の美容室で働いているサロンメンバーから手が挙が

り、彼の店に行くことになった。


最初はサロンメンバーの店を支援するつもりで行ったんだけど、どっこい、そこで受け取ったものは大きかった。

自分と同じようなコトを面白がっていて、共通言語を持った彼との会話は、寄り道もなく、本当に心地良かった。

初めて行く美容室の会話って、お互いに距離を探り合って、最後まで全然盛り上がらないじゃない？

あの感じが、まったく無かった。

このことをサロンの皆に伝えたところ、

「俺も、サロンメンバーが働いている店にお金を落としたい」

「私も、よく分からない人が働いている店にお金を落とすぐらいなら、話が合うサロンメンバーの店にお金を落としたい」と皆が言った。


なるほど、面白い。

ということは、サロンメンバーが働いている店の場所が一目で分かる地図さえ作ってしまえば「サロンメンバーが働いている店」と「サロンメンバーが働いている店に行きたいサロンメンバー」をマッチングすることができる。

さらには、『西野亮廣エンタメ研究所』に所属するサロンメンバーの店の売上を具体的に伸ばすことができる。

さっそく、エンジニア部に声をかけて、たった一週間で『エンタメ研究所MAP』が完成した。

マップを開くと、サロンメンバーが働く店の場所が一目で分かるんだ。

現在1万2000人のサロンメンバーは、この地図を使って、店を検索している。

もちろんボクも、店を選ぶ時は、この地図を使って、サロンメンバーが働いている店に行っている。

どうして、この地図の需要がここまで高いのか？

それには明確に理由がある。


たとえば、ある居酒屋で食べたポテトサラダが美味しくて、「家でも作って食べたいな」と思ったとする。

その時、ネットで「店の名前」「ポテトサラダ」「レシピ」で検索してみたら、あの店のポテトサラダがほぼ忠実に再現できるレシピがあがっている。

今は、あらゆる情報や技術が筒抜けで、共有されるんだ。


ホラ。

最近、「高くてマズイ店」なんて、あんまり聞かないでしょ？

電器屋さんは、どこに行っても、だいたい同じ値段だ。

あらゆる情報や技術が共有されて、あらゆるサービスが均一化されると、「どの店に入ってもハズレがない」という状態になる。

となってくると、店を選ぶ理由は、「どの店に行くか？」ではなくて、「誰の店に行くか？」になってくる。

まもなく、「自分のお金を、誰の店に落とすか？」の時代に突入する。

これが、ボクらの暮らしにどんな変化をもたらすと思う？

とっても面白い話をするね。

『店検索』から
『人検索』へ。

ボクらがこれまで見てきた地図は、物理的な距離で描かれている。

東京から見ると、長野の、ずっと向こうに沖縄がある。


でも、それを「時間軸」で切り取った時に、東京からは、4～5時間かかってしまう長野の山奥よりも、飛行機で2時間45分で行ける沖縄の方が近い。

「時間軸」で地図を描き直したら、長野の手前に沖縄があって、日本列島は見たこともないヘンテコな形になる。


「時間軸」で地図を描いた時、東京から一番遠い日本は東京にある。

『東京都小笠原村』だ。

東京からザッと24時間ぐらいかかる。

ちなみに東京からニューヨークまでは13時間だから、東京駅から見たら、ニューヨークの遥か向こうに『東京都小笠原村』がある。

「時間軸」で見た地球は丸くないんだよ。

ウニみたいにトゲトゲしてるんだ。

これと同じことが「人」にも言える。

駅から徒歩1分のところにある「よく分からない人が働いている店」よりも、駅から徒歩5分のところにある「知り合いが働いている店」の方が精神的な距離は近いでしょ？

よく分からない人の店は、あんまり行こうとは思わない。

遠いんだよ。


当然、「知り合い」の中にもランクがあって、「自分が信用している知り合いの店」の方が近い。

ここでも「信用」が効いてくる。


『エンタメ研究所MAP』を開くと、サロンメンバーがオランダでやっているラーメン屋がヒョッコリ出てくる。

そして、「サロンメンバーが現地にいるのなら」と、そこを頼って一人旅を始めるサロンメンバーがポコポコ出てきた。

つまり、『西野亮廣エンタメ研究所』のサロンメンバーにとっては、オランダが近くなったわけだ。

「人軸」で地図を描いた時に、地球の形は大きく変わる。

そして「時間軸」の地図と大きく違う点は、「人軸」の地図は、人の数だけ存在するということだ。

わかるよね？

ボクの人間関係と、キミの人間関係は違うので、ボクが持っている「人軸」の地図と、キミが持っている「人軸」の地図は当然、形が変わってくる。

『エンタメ研究所ＭＡＰ』は、「人検索の地図」なんだ。

オンラインサロン（コミュニティー）が盛り上がれば、各コミュニティーで、そのコミュニティーのオリジナル地図がポコポコ立ち上がるだろうね。

その地図には「徒歩1分の遥か彼方」があって、「海の向こうの近所」がある。

これまで以上に「信用」が価値を持ち、
これまで以上にコミュニティーが加速すると、
これまで誰も見たことがない、
キミだけの地図が現れる。

新世界だ。

第3章 新世界

映画監督スタンリー・キューブリックが1968年に発表した『2001年宇宙の旅』には、50年後の現在に使われているものが映っている。

読みたい記事のタイトルに触れると画面が拡大され、細かいディテールを知ることができる「タブレット」のようなものまである。

これ、スマホだよね。

これを受けて、「キューブリックは予言者だ」と言う人もいるし、「キューブリックは当時の最新テクノロジーを徹底的に勉強したから、未来予測の精度が極限まで上がっていた」と言う人もいる。

いろんな見解があるけど、ボクは、こう考える。

「キューブリックが描いた未来に心を奪われた子供達が、キューブリックが描いた未来を形にした」

『2001年宇宙の旅』を観て、開発者になる道を選んだ人もいるだろう。

そんな彼らの脳みそには、「キューブリックが描いた未来」の映像が入っている。

その脳みそから絞り出されたアイデアは、「キューブリックが描いた未来」から影響を受けていると考える方が自然だよね。

または、もっと単純に、「『2001年宇宙の旅』に出ていたタブレットを作りた〜い」と考えた開発者もいたかもしれない。


心を奪えば奪うほど魅力的な未来予想図は現実化する。


なんだか、無い話じゃなさそうだよね。

もしそうだとしたら、誰かが描いた未来に対応して生きていくのも一つ。

でも、せっかくなら、今この瞬間にボクたちで魅力的な未来を描いて、その方向に時代が進むところも、見てみたいじゃない？

友達やオンラインサロンの皆と、毎日、そんな話をしている。

作るんだよ、ボクたちの手で。

まだ地球上の誰も見たことのない未来を。

新世界を。

最後にお話しするのは、第1章や第2章とは違って、まだ答え合わせができていない現在進行形のボクらの挑戦と、その挑戦の副産物として見つかった「人間の可能性」のお話。

明るい未来を迎えに行く。

狭く深く愛されている人を掬い上げる

2011年に「評価経済社会」という言葉を聞いた。

聞けばナルホド面白い内容で、そこには「貨幣の代わりに評価が流通する社会」とあった。

つまるところ、「これからは『お金持ち』ではなくて、『共感を集めている人』が社会を動かしますよー」だ。

あれから、7〜8年。

たしかにそのとおりになった部分もある。

Instagramで多くのフォロワーを抱えるモデルが店を紹介すれば、そこにお客さんがドドドーッと流れ、その光景を見た企業がそのモデルにお金を払って宣伝してもらう流れが生まれた。

「共感を集めている人が社会を動かす」は、あながち間違った予想でもなかった。

ただ一方で、ウン百万人のフォロワーを抱えて、一見すると〝共感を集めていそうな〝タレント〟が、クラウドファンディングで惨敗している事例も少なくない。

テレビでよく見るあの人が書いた本がサッパリ売れていない。

ここから見えてくるのは、「共感」には、〝広さ〟だけではなく、〝深さ〟もあるということだ。

〝広さ〟はフォロワー数などで数値化することができるけれど、〝深さ〟を数値化することはできない。

「その人がどれくらい共感されているか」は、評価する人によってバラバラだからだ。

世間は田村Pのことを知らないけれど、一部のコミュニティーでは、田村Pは最上級の評価を受けている。

田村Pは、〝狭く、深く〟愛されているんだ。

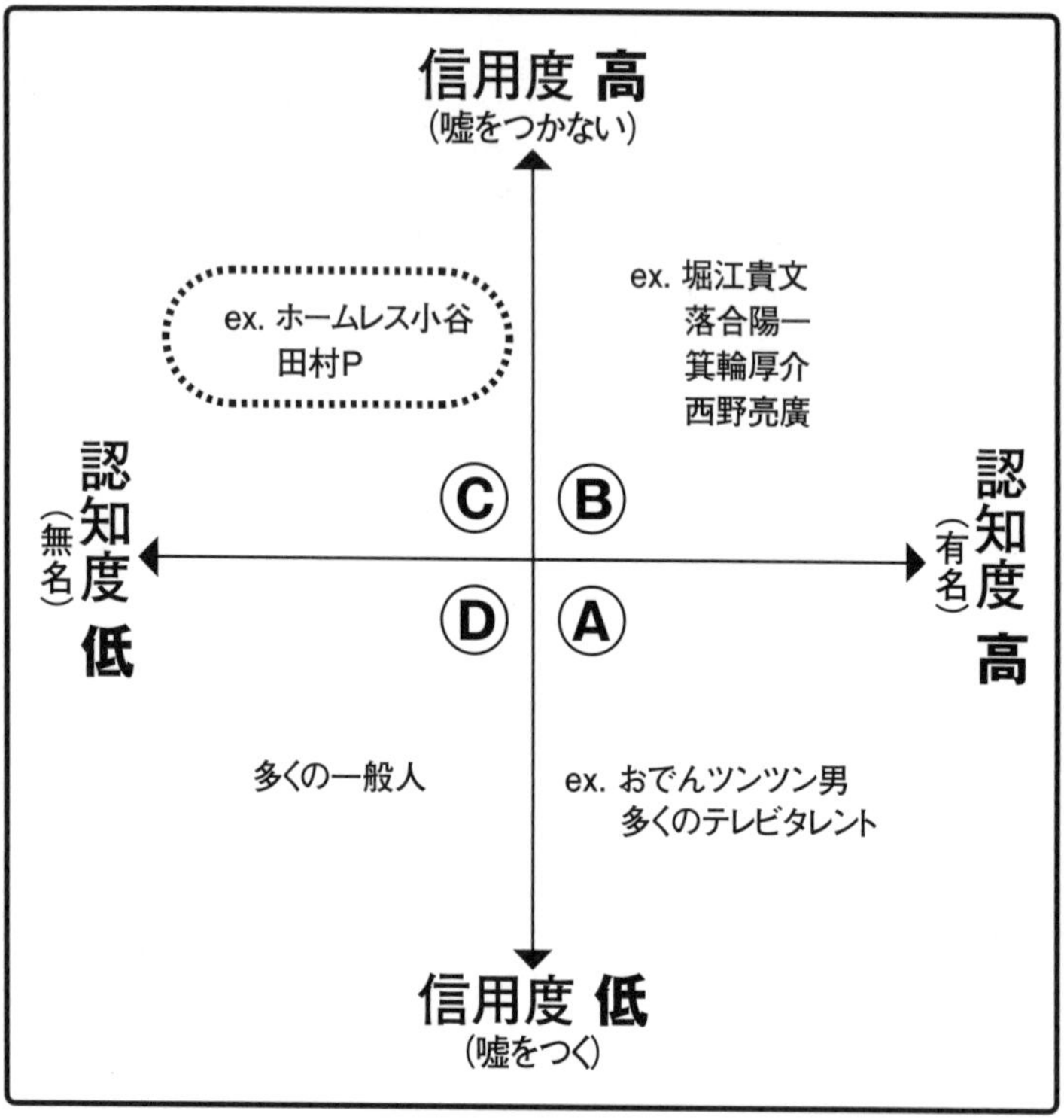
信用度 高
(嘘をつかない)
ex. ホームレス小谷
田村P
ex. 堀江貴文
落合陽一
箕輪厚介
西野亮廣
認知度(無名)低
C
B
認知度(有名)高
D
A
多くの一般人
ex. おでんツンツン男
多くのテレビタレント
信用度 低
(嘘をつく)

このグラフの横軸はフォロワー数などで数値化されているけど、縦軸は数値化されていなくて、今はまだ感覚値でしかない。

この縦軸が数値化できれば、たとえば「名前は聞いたことがないけど、こんなに共感を集めている店なら行ってみようかな？」が生まれて、そこに人とお金が落ちる。

狭く深く愛されている人を引き上げることができる。

ただ、このまま放っておくと、有名にならなきゃ生きていけない未来がやってきて、ボクは都合がいいけど、それって息苦しいじゃない？

田村Pも、ボクの父ちゃんも母ちゃんも、有名になりたいなんて思っちゃいないんだもん。

べつに有名になりたいとは思ってはいないけれど、誰を騙すわけでもなく、ズルをするわけでもなく、真面目に粛々と生きている彼らに、もう少し暮らしやすい未来を届けたい。

その時に必要なのは、共感の深さ（信用度）が計測できる装置なんだけど、そんなものは地球上に無い。

無かったら作るしかないので、あれやこれやと考えてみたものの、まるで思いつかない。

仕方がないので、いつものように宿題を投げ捨てて酒場に逃げ込んでみたところ、そこに答えがあった。

答えはいつも酒場にある。

モノが溢れている時代の「贈り物」

はじまりは、2017年の夏の下北沢。

生放送終わりで友達と呑んでいたら、オンラインサロン『西野亮廣エンタメ研究所』のメンバーから「今から、店に行かせてもらってもいいですか？　企画をプレゼンしたいッス」と連絡が入った。わざわざ奈良から新幹線に乗って、下北沢界隈でスタンバイしていたらしい。

一応、『西野亮廣エンタメ研究所』のメンバー特典として、「近くで呑んでいたら、合流できる」というのがある。

今回、強引にその権利を行使したメンバーの名は「後藤」。

後藤「近くで呑んでいたので、合流させていただきます」

西野「力業で近くに来たんだろ」

後藤「プレゼンしたい企画があります」

西野「聞かせて」

後藤「要らないモノを『要らない』と言える世界を作りたいです」

西野「なるほど。面白いね」

これには非常に共感した。
ボクは、お客さんから「差し入れ」をいただく機会が少なくない。
だけど、差し入れを全て受け入れてしまうと、たとえばそれが「食べ物」だった場合、「食べきれない」という事態が起こっちゃう。

ボクはここを決してウヤムヤにはしたくないので正直に言うけど、劇場のゴミ箱にはお客さんからの「差し入れ（食べ物）」が捨てられていることが結構ある。

もちろん、差し入れを捨てたスタッフも、捨てたいわけじゃない。
しかし、食べきれずに、賞味期限が過ぎてしまったものは捨てざるをえない。

ボクは戦争をくぐり抜けてきた婆ちゃんにしつけられたので、食べ物を粗末にすることが一番苦手だ。

もちろん「食べ残す」なんてこともできない。

米は最後の一つぶまで綺麗に食べる。

「全ての差し入れを受け入れる」とした時点で、食べきれなかった食べ物がゴミ箱に捨てられる未来が見えているので、ボクはデビュー当時から徹底して、お客さんからの「差し入れ」を全てお断りしている。


すると、必ず、こんな声が聞こえてくる。

「差し入れは気持ちだろ！　受けとれよ！」

「気持ちを無下にするのか！」

すべて差し入れた側の正義だ。


この問題については、デビュー当時から、ずっと訴え続けてきた。

下北沢の酒場まで乗り込んで来た彼女も、そのことを知った上で、ボクに相談してきた。

差し入れする側と、差し入れを受け取る側のミスマッチは、なかなか深刻な問題だ。

ボクは阪神・淡路大震災の被災者で、ウチはまだマシだったから、週末になると被害の大きかった地域へボランティアに行っていた。ところが、家を失くして凍えている被災者に毛布をかけたり、お腹が空いている被災者に豚汁を作るハズだったボクらの手と時間は、全国から送られてくる「千羽鶴」の撤去に割かれてしまった。

ちなみに、千羽鶴の撤去費用は被災地持ち。

これは東日本大震災でも、熊本地震でも、同じことが起こっていた。どこの被災地も千羽鶴に苦しめられていた。

被災地に「千羽鶴」は要らない。

しかし、そのことを言うと、また、あの声が聞こえてくる。

「お前達のことを想って鶴を折ったんだぞ！」

「お前達のことを想って送ったのに、選り好みしやがって！」


想像力が欠如している正義は、殺人犯よりタチが悪い。

被災者の言う「千羽鶴は要らない」はワガママなんかじゃない。


悲鳴だよ。


要らないモノを「要らない」と言うと、攻撃されてしまう。

要らないプレゼントをたくさん貰っても、部屋が狭くなるだけだし、家に遊びに来るかもしれない友達からの贈り物だから捨てるわけにもいかない。

ただ、「要らない」と言ってしまうと、相手の機嫌を損ねてしまう。


ここで考えたい。

相手を幸せにするものだったハズの「贈り物」によって、こうして追い込まれている人がいる。

苦しんでいる人がいる。

どうして、こんなことが起こっていると思う?

ボクの結論はこれだ。

『モノが不足していた時代』の正義と『モノが溢れている時代』の正義

モノが不足していた時代は、贈り物が相手の幸せに直結していた。

皆、お腹を空かせていたから、食べ物を貰うと、皆、喜んだ。

当然、その時代を生きた世代や、その時代を生きた世代に道徳を植え付けられた世代にとっては、「贈り物」は絶対正義になってしまう。


だけど、今はモノが溢れている。

御飯は今食べなくても、後で食べることができる。

ボクらはなるべく自分達の胃袋を空けておいて、自分の好きなタイミングで、自分の好きなモノを食べたいと考えるようになった。

ボクらはなるべく持ち物をコンパクトにして、手を空けておいて、自分の好きなタイミングで、自分の好きなモノを取りたいと考えるようになった。

食事の差し入れや、贈り物によって、それらの自由をゴッソリ奪われてしまうことにストレスを覚えるようになった。


つまり、「誰が悪い」という話じゃなくて、「モノが不足していた時代」と「モノが溢れている時代」の道徳がぶつかっちゃってんだよね。

それを踏まえて、下北沢の酒場に乗り込んで来た彼女に訊いてみた。

「で、キミが出した解決策は？」

プレゼントの本質は、プレゼントに費やされた「時間」

後藤「誕生日やクリスマスといった記念日に、『商品券』を贈れるアプリを作ろうと思います」

西野「……」

後藤「商品券だと、場所をとることもないし、好きな時に、好きな分だけ使えるじゃないですか？」

西野「言ってしまえば『お金』が送れたらいいわけだ？」

後藤「まあ、そうなりますね。実際問題、受け取る側は、『お金』が一番、助かると思うんです」

西野「スッゲーわかる！」

後藤「ですよね？」

西野「でも、あんまり面白くないね」

後藤「え？」

西野「いや…面白くないって言うか…あの…面白くないね」

後藤「え？　ダメっすか？」

西野「うん。ダメだね」

後藤「どこがダメですか？」

西野「問題点は三つ。まず、一つ目は、すでに似たようなサービスが山ほど存在すること」

後藤「え？　すでに、あるんですか？」

西野「二つ目は、そのことを調べずにプレゼンしてしまったこと」

後藤「…（瞳孔と鼻の穴が開ききっている）」

西野「そして、三つ目が大事」

後藤「なんですか？」

西野「プレゼントの本質は、プレゼントを選ぶ『時間』や、買いに行く『時間』といった、そこに費やされた『時間』にある。たしかに後藤が言うとおり、『お金』を貰うと便利だけど、そこに時間が載っていないことが分かるので、手抜き感が残る。プレゼントを受け取った側が寂しい気持ちになっちゃう。ちなみに、今、どんな気持ち？」

後藤「ただちに、くたばりたいです」

西野「ギャハハハ（笑）」

後藤「くたばり方を教えてください」

西野「でも、まあ、わざわざ奈良から来てくれた子に『あんまり面白くないね』と言った以上は代案を出すのが礼儀だよね」

お酒も入っていて上機嫌だったので、この問題を解決しようと思った。

「お金をプレゼントされると助かるけれど、そこには『時間』が載っていないので寂しい」という問題。

まず最初に、この問題を解決する為には「プレゼントする『お金』に『時間』を載せればいい」とボクは考えた。

お金に「時間」を載せる

たとえばキミの誕生日にボクが「5000円」を渡したら、きっとキミはそこに愛情を見つけられずに寂しい想いをするか、場合によっては受け取ることを拒むよね（梶原君ならヨダレを垂らして受け取るけど)。

だけど、その5000円を渡すまでに、ボクがとても長い時間を費やしていたことが見えれば、キミはその5000円を少し受け取りやすくなるんじゃないかな?

「こんなに時間をかけてくれたんだ。ありがとう」って。

さて、どうやってお金に「時間」を載せようか?

財布に入っている五千円札を渡すだけなら、1秒で済む。
どうにかして、お金に「費やした時間」を載せるんだ。
魔法みたいな話だけど、せっかくエンターテインメントに命を捧げてるんだから、魔法みたいなことをやらなきゃ面白くないじゃない?

というわけで本題です。
ボクが描く未来の話。

言葉でまわる世界

どうすれば、お金に時間を載せることができるのだろう?

10円をプレゼントするなら「10円分の時間」を、1万円をプレゼントするのなら、「1万円分の時間」を費やしたことを、どうすれば可視化(見える化)できるのだろう?


珍しく呑み屋で黙り込んで、1~2分ほど真剣に考えた結果、「文字」という答えに辿り着いた。


10文字の手紙を書くのと、1万文字の手紙を書くのとでは、当然、所要時間が変わってくるよね?

文字数が増えれば増えるほど、書くのに時間がかかる。

文字数と所要時間は、そこそこ比例するって話。

このことを踏まえて、これから少し複雑な話をするので、頭をフニャフニャにして聞いて欲しい。


贈り物問題を解決する『レターポット』という新しいサービスの

話。

そのサービスのユーザーは全員、『ポット』という名の〝財布〟を持っている。

その財布に入れるのは、『レター』という名の「文字」だ。

『レター』は、運営が「1文字＝5円」で販売している。

「電報」をイメージしてもらえるといいかもしれない。

たとえば、ボクが1000文字（5000円分）を購入。

そして、そのままキミに1000文字の手紙を書いて、キミのポットに1000文字を贈ったとする。

「1文字＝5円」だということを知っているキミは、その1000文字が「5000円分の価値」だということを知っているよね？

ついでに、ボクがキミに1000文字分の時間を捧げたことも知っている。

「こんなに時間をかけてくれたんだ。ありがとう」ってやつ。

キミのポットには、今、1000文字が入っている状態だ。

そんな中、来週はキミの友人の誕生日。

キミは予算4000円ぐらいで、友人への誕生日プレゼントを買いに出かけたけど、そういえば、キミの友人は断捨離中で「モノは要らない」と言っていたことを思い出す。

ここでモノをプレゼントしてしまうと迷惑がかかっちゃう。

というわけで、キミは、キミのポットに入っている〝ボクから貰った1000文字〟の中から、800文字を使って、日頃の感謝の気持ちを手紙にして、友人に贈る。

電報で贈ってもらった文字を再利用するイメージだ。

レターポットユーザーであるキミの友人は、キミから贈られてきた800文字が「4000円の価値」だということを知っている。

そして、800文字分の時間を自分に捧げてくれたことを知る。

その時点で、友人への誕生日プレゼントは成立だ。

キミは今、こんなことを考えてるんじゃないかな?
「800レター(文字)に4000円の価値があることは分かるけど、それって、運営に申請すれば換金できんの?」

答えはNOだ。
換金は一切できない。
「花束」のプレゼントが換金できずに花束でしかないように、「レター(文字)」はレターでしかない。

贈ってもらった1000レターを運営に申請して、5000円に換金できれば、「なるほど。レターを贈ってもらったら、お金になるのね」と簡単に理解できたと思う。

もちろんボクも最初はそのつもりで開発を進めていたんだけど、考えれば考えるほど「換金装置なんて要らねーな」となり、サービスをリリースする直前で換金装置を外した。

換金できなきゃ意味がない？

リリース直前のこの決断には、「何、言ってんの？」とオンラインサロンメンバーからの反対の声がたくさんあがった。

オンラインサロンメンバーの皆には「文字をお金にする」と声をかけて、開発をスタートさせていたので、「お金にするのだったら、尚のこと、換金できなきゃ意味ないじゃん」と怒られちゃった。

でも、レターポットには「換金装置」は要らないんだよ。

理由を説明するね。

たとえば、さっきの誕生日プレゼントの場合。

キミは友達に800レター（4000円分）を贈って、キミから友人への誕生日プレゼントは成立した。

つまり、レターポットを使ったことによって、本来ならキミの財布から出ていくハズだった「4000円」が出ていかなくて済んだわけだ。

その時点でキミは「4000円」を手に入れたことになる。


ここがちょっと複雑だよね?

「花束」のプレゼントをイメージすると、更に分かりやすいかも。


キミの誕生日に、キミは、たくさんの友人達から、たくさんの「花束」のプレゼントを貰う。

今、キミの手元には、バラやユリやチューリップなど数百本の花がある。

その次の週。

キミの友達が誕生日で、本来なら友達への誕生日プレゼントとして、キミは4000円の「花束」を買わなきゃいけなかったんだけど、今キミの手元にはたくさんの花があるので、それを使ってキミは友人に似合う花を選び、束ねて、プレゼントをする。

すると、あらたに「花束」を買わなくて済むわけだ。

花束代の4000円は浮いたよね？


お金を増やす方法は二つだ。

「収入を増やす」か「支出を減らす」か。

レターポットがやっているのは後者で。

レターをたくさん贈ってもらった人は支出を減らすことができる。

言い換えると、「レターを贈る」という作業は、「相手の支出を減らしてあげる」ということになる。


レターポットの「換金不要」の理解をもう少し深めるためには、

「紙幣の成り立ち」を勉強するといいと思う。

「紙幣」というものが、一体どうやってできたのか？

「お金」という共同幻想

紙幣誕生の歴史を知れば、『レターポット』に換金装置を付ける必要がないことが見えてくる。

お金の成り立ちをイチから語ると、「貝殻が〜」という長い話になっちゃうので、ここでは、近代のお金「紙幣」の成り立ちについて、お話しするね。

さて。

貝殻か、塩か、なんかよく分からないけど、そんなものからスタートした「お金」は、時代と共に形をコロコロと変え続け、ついにゴールドになった。

商品やサービスはゴールドと交換することで、受け取っていたわけだけれど、誰かが、こんなことを言った。

「つーか、ゴールドって持ち歩くの重くね？」

そこで、〝金匠〟と呼ばれるオジサンが現れた。

金匠は、ゴールドを預かってくれるらしい。

たとえばキミが金匠のところに行って、100ゴールドを預けたとする。

すると、キミは、金匠から「100ゴールド、預かりましたよー」と書かれた「預かり証」(紙キレ)が貰える。

その「預かり証」を金匠に渡せば、いつでも100ゴールドに「換金」してくれるんだ。


これでキミは重たいゴールドを持ち歩かなくてもいい。

そんでもって、キミは、100ゴールド分の「預かり証」を持って米屋に行き、こんなことを言う。

キミ「米をくださいな」
米屋「へい。100ゴールドです」

キミ「じゃあ、この『預かり証』で」
米屋「なんでんの、これ？　ただの紙キレでんがな」
キミ「この紙キレを金匠のところに持って行けば、１００ゴールドに換えてくれるんだ」
米屋「ホンマでっか？」

こんな調子で米と引き換えに「１００ゴールドの預かり証」を手に入れたのは米屋。
でも、米屋からすると、「預かり証」をわざわざ金匠のところまで持っていって、ゴールドに換金するというのも面倒だよね？
困った米屋が同じ商店街の皆に相談をしたところ、お隣の魚屋が「『１００ゴールドの預かり証』を金匠に持って行ったら、１００ゴールドに換金してくれる」ということを知っていた。

米屋「魚をください」

魚屋「へい。100ゴールドです」
米屋「じゃあ、この『100ゴールドの預かり証』で」
魚屋「毎度あり」

こうして「預かり証」がゴールドに換金されないまま、商店街で回り始めたわけだ。

つまり、「100ゴールドの預かり証には100ゴールドの価値がある」と皆が信じれば、その紙キレは100ゴールドになり、もはや換金する必要がなくなるんだ。

これが「紙幣」の始まり。

その後、皆が価値を信じた紙幣は、ついには「預かり証（紙幣）を持ってきてくれたら換金しますよ〜」という〝裏付け〟すら外され、換金できなくなり、今日、ボクらは紙幣を換金せずに使用している。

でも、キミは、こんな言葉を発したことがないだろう？

「一万円札を貰っても、換金できなかったら意味がないじゃないか！」

それはキミやキミの周りが、原価20円の「一万円札」という紙キレに、1万円の価値があると信じているからだ。

当然、一万円札に1万円の価値を信じられなくなったら、一万札は、タダの紙キレになる。

アマゾンの奥地の部族に一万円札を渡しても、食べ物と交換してもらえないだろう？

それは、彼らが一万円に1万円の価値があることを信じていないからだ。

「お金」は
製造された
瞬間ではなくて、
皆が価値を信じた
瞬間に生まれる。

お金というのは、貝殻であろうが、石であろうが、ゴールドであろうが、紙キレであろうが…実は形状はどうでもよくて、「皆が価値を信じること」で存在しているんだ。

極めて〝神様〟に近い存在だね。

その石コロに1億円の価値があると皆が信じれば、その石コロは1億円になる、という話。

じゃあ、「お金の形状は本当に何でもいいのか？」というと、実は、そうでもない。

モノによって、信じられるモノと信じられないモノがある。

たとえば、魚。

魚は、「お会計は250魚になりま～す」といった感じで、「お金」になるのだろうか？

答えはNOだ。

魚は「お金」にはならない。

理由は、「保存」ができないから。

100魚を貰っても、来週使う頃には腐っている。

腐った魚なんて誰も受け取ってくれないよね？

どうやらボクらは保存できないモノを、「お金」として信じることができないんだ。


では逆に、どういう条件が揃えば、ボクらは、そのモノを「お金」として信じることができるのだろう？

歴代のお金（貝とか、ゴールドとか、紙幣とか）に共通する条件は、一体何なんだろう？

答えは、次の三つだ。

「お金」として信じられる三つの条件

①「保存できる」

魚の話もそうだけど、腐って価値が下がってしまうようなものを貰っても、自分のタイミングで使えないので、ちょっと迷惑だよね。

保存できないものは、お金として信用することができない。

②「交換できる」

当然だけど、お金を貰ってもモノと交換できないと意味がないよね。となってくると、持ち運びが効くモノの方がいい。

ボクらは、交換することができない（持ち運べない）5トンの岩を、お金として信用することができない。

③「尺度になる」

モノと交換するとなると、「メロン一玉は、リンゴ10個分の価値がある」ということを共有していないとマズイよね？

そこで、「メロン一玉＝1000円、リンゴ一個＝100円」とした。

モノの価値を数値化する為の装置が「お金」で、この機能が備わっていないと、ボクらはそれを「お金」として信用することができない。

「保存」と「交換」と「尺度」、この三つの機能が備わっていれば、ボクらはそれを「お金」として信用することができる。貝にも、ゴールドにも、紙幣にも、その三つの機能が備わっていたんだね。

そういえば「文字」って…

そういえば、「文字」って腐らないよね？

つまり、文字は「保存」することができる。

助けて貰った時に御礼の手紙をしたためたり、先輩から夜御飯をご馳走になった時に、翌朝にLINEを送ったりしない？

つまり、その瞬間、サービスや食事と、文字が「交換」されている。

興味がない事柄には短文で、興味がある事柄や、たくさんの感謝を伝えたい時には長文の手紙を書く。

内容によって、文字量が変わっている。

つまり文字を「尺度」として使っている。

あらあら。
文字には、「保存」「交換」「尺度」という、「お金」を構成する三つの機能が備わっているじゃないか。

文字が「お金」になってもおかしくはなさそうだ。
ていうか、文字が「お金」になってくれれば、盗まれることも、酒場で酔っ払って財布ごと無くすこともないので、その方が助かる。
文字が「お金」になった方が便利じゃん。

だったら何故、これまで「文字」はお金にならなかったのだろう?
そこには文字が「お金」になれなかった理由があった。

すっかり見落としていたんだけど、ボクらが「お金」として信じられる条件が「保存」「交換」「尺度」の他に、実は、もう一つだけあったんだ。

ジンバブエのハイパーインフレ

ボクらが「お金」として信じられる最後の条件、それは「流通量」だ。

2000年代後半に、ジンバブエという国で「ハイパーインフレ」が起こった。

「インフレ」というのは、物の価格がグーンと上がって、お金の価値がドカーンと下がる状態のことね。

「ハイパーインフレ」は、その超ヤバイ版。

その時、ジンバブエ政府はとにかくたくさんお金（ジンバブエドル）を刷っちゃってさ、ついには「100兆ジンバブエドル」という超高額紙幣も発行されたんだけど、その100兆ジンバブエドルでもパン一つ買うことができなかった。

お金の価値が無くなっちゃって、ついには、そこかしこの道端に、札束が落ちている始末。

ハイパーインフレが起こって、ジンバブエのように、「お金」が発行されすぎてしまうと、もう誰も「お金」を信用しなくなるんだよね。

その「お金」では、もう何も買えなくなってしまう。


ここで「文字」の話に戻るんだけど、「文字」って無限に発行されるじゃない？

たとえば、この後、ボクがこのまま文章を書き続ければ、世の中に存在する文字がどんどん増えていくよね。


キミはこの後、キミのさじ加減で、Instagramに１００文字の読書感想文を書くこともできるし、５００文字の読書感想文を書くこともできる。つまり、文字を無限に発行することができる。

（※ちなみに、Instagramに、『#新世界』を入れて、この本の感想を書いてくれたら『いいね！』を押しに行きます。「感想文を書けよ」というハイパープレッシャーだよ）

「文字」というものが誕生して今まで、人類は自分のさじ加減で文字を発行し続けてきた。

地球上は「文字」で溢れかえっている。

つまり、ボクの考えはこれ。

文字の世界はハイパーインフレを起こしている

「文字」の流通量が多すぎるから、「文字」では何も買えなくなった。

「お金」の流通量が多すぎるから、「お金」では何も買えなくなったジンバブエのように。

であればだ。
レターポットで販売する「文字(レター)」の流通量を制限して、手紙やメールやLINEと違って、「文字(レター)」を有限の資源にしてしまえば、皆がその「文字(レター)」の価値を信じ始め、次第に、「お金」のように、「文字(レター)」に価値を持たせられるんじゃないかな?

さすがにデタラメすぎかな?
でも、考えてみてよ。
この国では、毎年、地震や台風に襲われて、毎年、どこかが被災地になっている。
そして、被災地にはたくさんの言葉が届くよね。

「頑張ってください」
「負けないでください」
「一緒に頑張りましょう」

あの時、被災地に贈られる一文字一文字に価値があれば、その時だけでも、**「文字」が「お金」に換金できれば、助けられる人がいるハズだ。**

だったら、やるしかないだろう？

そこに「問題」がある以上、必ず「答え」がある。

誰かに任せずに考えるんだ。

手を差し伸べる方法を。

ちなみにボクは、こんな答えを出したよ。

被災地に贈った「文字」が135万3620円になった話。

２０１８年7月に西日本に甚大な被害をもたらした「西日本豪雨」は、『レターポット』のユーザーから被災地に数十万文字の応援メッセージが贈られ、１３５万３６２０円が『岡山県共同募金会平成30年豪雨災害義援金』に支援された。

２０１８年の９月には北海道地震の被災地に応援メッセージが贈られ、『被災地支援活動費』として75万６３５円が集まった。


レターポットでは、有事の際は、『公開ポット』と呼ばれる、誰でも閲覧できる掲示板のようなものがサイトのトップページにヒョッコリ現れる。

そして、その『公開ポット』に応援メッセージを贈ると、被災地にお金を贈ることができる。

言葉を贈ることで、人を助けることができたら、最高だろ？

足りない頭を絞りに絞って、それを可能にするシステムを作ってみたんだ。

なんで「文字」を贈ることが支援（お金）になるの？

まず、「レター（文字）」は、運営から100レターを500円（1レター＝5円）で買うんだけれど、この時、運営は、その500円を（原則として）自由に使えないルールになっているんだ。

レターの売上は「売上として計上されていない」と思っていただけると分かりやすいかも。

レターの売上が「売上」として計上されなかったら、何が運営の売上になるの？

レターを誰かに贈るには、必ず『切手代』（5〜10レター）が発生する。言ってしまえば「配送手数料」だよね。

たとえば、キミのポットに100レターが入っていたら、キミから誰かに贈れるのは最大95レターで、**残りの5レターは（切手代として）市場から消滅する。**

この時、**市場から消滅したレターが運営の売上になる。**

5レターだと25円が、運営の売上になるわけだ。

なんで、公開ポットに贈ったら、被災地の支援（お金）になるの？

お金の流れの話でいうと、個人のポットと『公開ポット』が大きく違うのは、『公開ポット』に贈られたレターは全て市場から消滅するんだよ。

市場から消滅したレター分の売上は運営が自由に使える。

10万レターが公開ポットに贈られたら、その時、運営は**50万円**を自由に使えるようになるよね？

その50万円をスタッフの給料にするのではなくて、被災地支援にまわそうというのが『公開ポット』。

ボクは阪神・淡路大震災の被災者で、被災地に折り鶴なんて贈られたらたまったもんじゃないことは経験済みなので、こうした有事の際に、励ましの言葉をかけてあげることで間接的に「お金」を贈れるシステムを作ってみた。

「一緒に頑張りましょう」という励ましの一言で、被災地に水が買えたら最高じゃないか。

そんな未来を作ってるんだよ。

レターポット劇場

こんな仕事をしているので、貧乏芸人や貧乏役者の友達が少なくない。

彼らは舞台に命を捧げているけど、肝心の舞台は彼らを食わしてくれるわけでもなく、40歳を過ぎてもアルバイトで生計を立てるなんてザラ。


アルバイトで貯めたお金で、なんとか会場代を払って、手弁当で、手作りの公演を繰り返している。

チケットが売れたところで、たいしたお小遣いになるわけでもないが、チケットが売れなかったら次が無いので、煙たがられているのは百も承知で、こんな時だけ友達にLINEを送り、既読スルーに溜め息をこぼす毎日。

言葉にするのは簡単だけど、なかなかハードな人生だ。


それでも彼らは舞台に立ち続ける。

端から見れば、舞台にすがりついているように映っているのかもしれない。

「他にやれることがないんでしょ？」と思われているのかもしれない。

「とっとと諦めろよ」と思われているのかもしれない。

もちろん、そういった声を全て否定することはできない。

たしかに、すがりついている部分もあるし、他に何かをやれるほど器用に生きられる連中でもない。

10年〜20年そんな生活を続けてしまって、すっかり諦めるタイミングを見失っているヤツもいる。

でもね、

ボクも地下の小さな劇場で生まれた芸人だから、彼らの気持ちはよく分かる。

舞台ってね、とりつかれるんだよ。

魔力がある。

あれだけ貧乏を繰り返して、
あれだけ惨めな思いを繰り返して、
あれだけ自分の存在を否定され続けたというのに、
自分のアクションで客席が揺れて、その全ての熱が自分にぶつかってきた瞬間に、これまでの一切のマイナスが吹き飛ぶんだ。
「自分はここにいてもいいんだ」と思わせてくれる。

この経験はクセになる。

幸福度の正体は「伸び率」だ。

普段、散々な目に遭っていればいるほど、自分の全てを受け入れてもらった時の快感は大きい。

もしかすると、DV男にハマる女の構造に似ているのかもしれないね。

舞台という空間は、つくづく罪深い。
ただね、
現実問題、彼らには生活がある。
養っていかなきゃいけない家族もいる。
友達が抱えている問題は無視できないだろ？

どうにかして彼らの活動を支援できないかな？

できれば、彼らに、これ以上の負担がかからない方法で。


これからお話しするのは、たくさん考えて出したボクなりの答え。

会場費は「言葉」

たしかに彼らの元には残念ながら「お金」は集まっていないけど、

「感想」が集まっている。

「面白かったよ」

公演終了後に、たくさんの「言葉」が彼らの元に集まっている。

「また観に来るね」

「感動した」

そこで集まってくる「言葉」は、お金持ちが持っていなくて、彼らだけが持っている財産だ。

その「言葉」の一つ一つを、Twitterのタイムラインや、アンケート用紙に垂れ流すのではなく、キチンと貯めておいて、それこそ「財産」にしてしまえばいいと思った。

彼らの元に集まった「感想」で、彼らの金銭面での負担を軽減してやれれば、彼らのことを少しだけ守ってやることができる。

『レターポット劇場』というのを考えてみた。

その劇場にはお金が介在しない。

出演者は、レターポットの『公開ポット』に1万レターを贈ってくれたら（1万レターを市場から償却してくれたら）、無料で劇場を借りることができる。

彼らがいつも支払っている会場代をゼロにしてやることで、彼らの生活を後押しする。

もう分かるよね？

彼らのお客さんは、舞台の感想を彼らに『レター』で贈る。

彼らがメチャクチャ頑張って、お客さんを感動させれば、一度の公演で1万レターが集まるかもしれない。

今度の会場代をお客さんが負担している形。

食べれない差し入れよりも、レターで感想を貰った方が彼らにとっては救いになる。

たくさん笑わせて、たくさん感動させた表現者が報われる世界だ。

お金が介在しない『レターポット劇場』を作るには、突破しなきゃいけない問題がいくつかある。

法務面の問題もあるし、プペル美術館のことで、ただでさえ家計は火の車なのに、ここにきて「劇場を作る」ときた。


でも、こんなデタラメなこと、誰もやらないだろ？

だから、やるんだよ。

声の小さい人を徹底的に守る。

ボクが死んだ後も止まらないように、声の小さい人が守られ続けるシステムを作る。

先日、『西野亮廣エンタメ研究所』の皆に、この劇場の構想を話してみたら、満場一致で返ってきたよ。

「やらない理由がないっしょ」

「無名の正直者」を勝たせる

このグラフ、覚えてるよね？
第1章の「ポジションを可視化する」で使ったやつ。

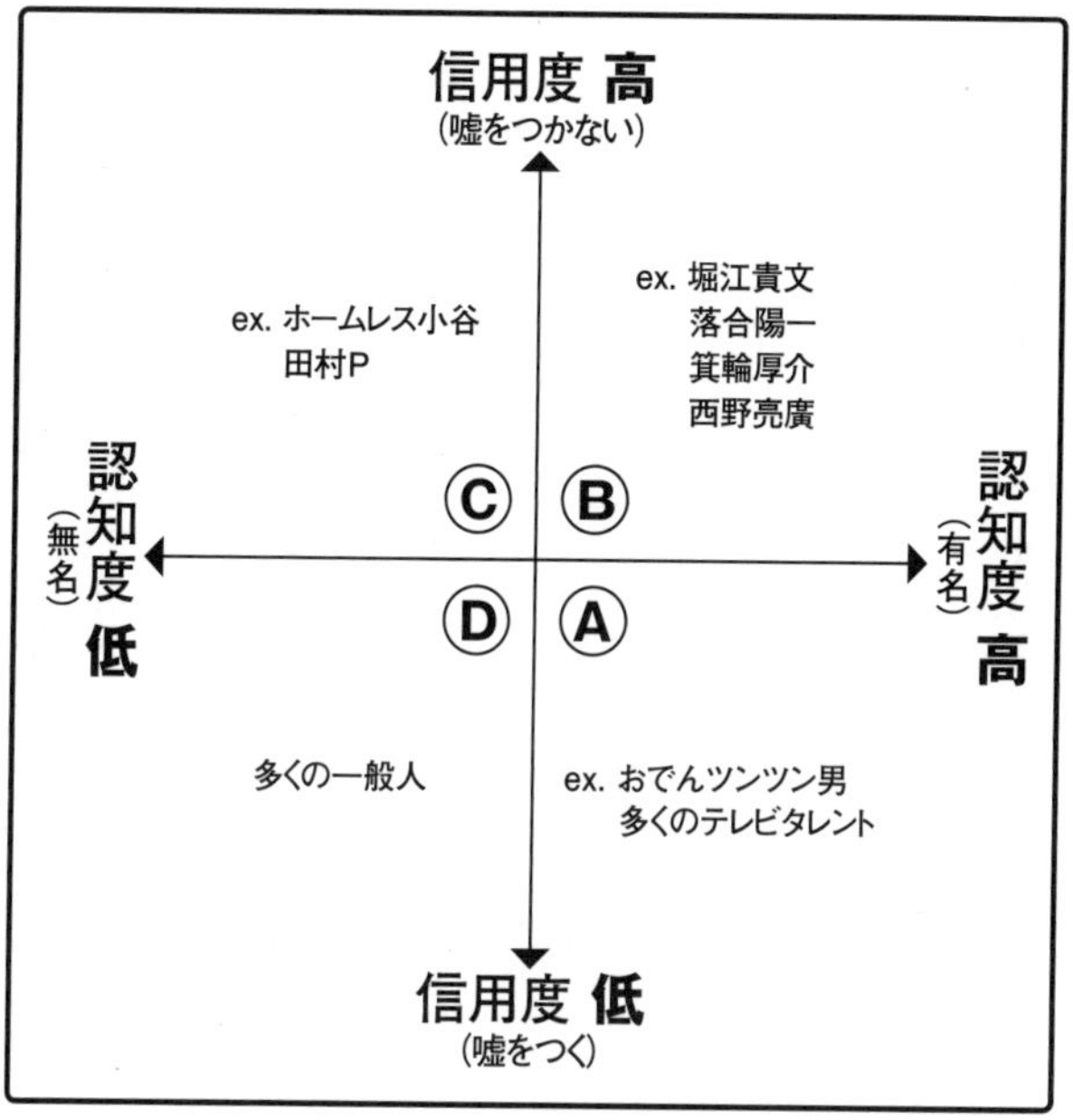

右下にいる人達は、もう散々、恩恵を受けたと思う。

そして、この座標軸で言うと、時代は徐々に下から上に移動していっている。

もう皆、本当のことを知りたいから、好感度とかは後回しにして本当のことを言ってくれる人を求め始めている。

ぶっちゃけた話、堀江さんとかボクみたいな人間にとっては、随分、過ごしやすい時代になってきたと思う。

オンラインサロンにしたって、クラウドファンディングにしたって、まさに今、堀江さんやボクらが暮らしている領域（右上）が、その恩恵を受けている。


でもさ、本当のことを話してくれる人が勝つ世界は面白いんだけど、今のままだと右上の人しか勝ってないじゃない？

つまり、メディアに出ている有名人だったり、ＳＮＳで自分ブランディングにかなり成功したネット界の有名人しか勝てていない。

ボクの父ちゃんは左上にいるんだよね。

バカ正直に生きて、他人の為に生きて、でも有名人じゃない。

今後、有名になるつもりもない。

せっかく時代が下から上に移動しているのに、ボクの父ちゃんのような「無名な正直者」が、その恩恵を受けていないんだ。


ボクは、すでに勝っている人を更に勝たすことには興味がないんだよね。


ボクは絵本を描いたり、ビジネス書を書いたりしてるんだけど、その内容は「声の小さい人を徹底的に守る」で一貫している。

挑戦して村八分に遭っている人がいれば、駆け込み寺を作って、そこでボクが知っている限りの具体的な戦略を教える。


ボクは応援してもらわないと生きていけない人間だ。

その時、「何を守る人なのか?」がブレてしまうと、応援するのも難しいと思うんだよね。

なので、この場合も徹底して、左上にいる人達の背中を後押しすることに、ボクは自分の人生の時間を捧げる。

『レターポット』の開発に手をつけた理由の一つがまさにそれ。

「どうすればボクの父ちゃんのような『左上』にいる人に光を当てることができるのか？」

その答えが、偶然にも「文字」だった。

たとえばキミの上司が退社する時や、たとえばキミと同じクラスの子が遠くに引っ越す時。

たとえば、そういったお別れの時に「寄せ書き」を書いたことがあると思うんだけど、寄せ書きに寄せられる文字数って、人によってバラつきがなかった？

周りから愛されていた人の寄せ書きは、文字でいっぱいになっていたハズだ。

ちなみに、ボクの父ちゃんは有名人ではないけれど、お正月になるとたくさんの年賀状が届いていた。

一方、テレビでお馴染みの〝認知タレント〟には、ファンレターなんて届きやしない。

つまりね、その人の信用度と、その人に寄せられる文字数は〝そこそこ〟比例するという話。

であれば、文字に価値をつけてしまえば、ボクの父ちゃんのように「左上」にいるような人にも光が当たると考えたんだ。

「文字をお金にする」と言ってレターポットをリリースしたけど、『貯信時代』における「お金」というのは、五千円札とか、一万円札といった、これまでの「いわゆるお金」ではない。

「信用ポイント」だ。

誰がどれくらい信用されているのか、誰がどれくらい「いつもありがとう」と言われてきたのか、その数値を可視化する装置が『レターポット』だ。

ドラゴンボール世代の方は、『信用スカウター』だと思ってもらえればいいかも。

信用の「尺度」だね。

「西野の親父さんに、たくさんの信用ポイントが集まったとして、でも、それが何かと交換できなかったら、結局、意味ないじゃないか」

そう考える人もいると思う。

たしかに、これまでの「お金」は、800円でラーメンが食べれて、100ポイントで「生ビール一杯無料」という、「交換」がないと意味がなかった。

でも、「交換」に重きを置かない「お金」も存在できるようになったんだ。

覚えてるかな？

第1章の終わりの方で「サービス業においては『信用持ち』の就職内定率が上がる」と言ったよね。

つまり「信用がある」ということが証明されれば、優遇されるという話。

実はコレ、もう始まってるんだ。

人検索の地図と、信用ポイントを掛け合わせて、誠実に生きている人を助けに行く。

「信用ポイント」の可視化には、大きな意味がある。

すでに走り始めている『エンタメ研究所MAP』は2019年にリニューアル予定なんだけど、今度のリニューアルでは、MAPの登録店に、その店の公開ポットが貼り付けられる。

お客さんがお店の公開ポットに贈った「ありがとう」「美味しかったよ〜」というメッセージが誰でも見れるようになり、それがお店の信用になる。

商売が下手でも、優しい店主の元には、たくさんの御礼（文字）が届き、そのお店がどれくらいお客さんを楽しませたかが、文字数で表示されるわけだ。

お店が駅から遠くても関係ない。

「人検索」で店が選ばれて、「ありがとう」の数の多さで店が評価され、そして、その評価でまた人が集まってきて、お店にお金が落ちる。

たとえ弱くても、たとえ無名でも、誠実に生きている人が報われる世界だ。

ボクは、そんな世界を迎えに行く。
キミはどうだ？

人間賛歌

レターポットをリリースしてから、まもなく1年。

それは「言葉」と向き合う時間でもあった。

38年の人生で、ここまで他人の文字に付き合ったのは初めて。

そして、書籍の執筆以外で、ここまで慎重に他人に贈る文字を選んだのも初めてかもしれない。


ある時、友人から連絡が入った。

「大きな手術を控えている俺の幼馴染が、西野のファンらしい。もし時間があったら、お見舞いに行ってあげて。きっと喜ぶと思う」

ボクのスケジュール感も知っているだろうし、普段は決してワガママを言うようなヤツじゃないので、少し気になって病名を聞いた。


急性白血病だった。

余命3ヶ月の宣告を受けていた。

翌日、病院に行った。

「はじめまして、西野です」

余命3ヶ月の彼は痩せ細っていたけど、底抜けに明るい人でね、ノートパソコンを開き、「僕が生き延びる為の方法」を、まるで夏休みの自由研究の発表のようにプレゼンしてくれたんだ。

2時間ほど話し込んだと思う。


同じ時期。

別の友人から、「この人に会って欲しい」と言われた。

妻子持ちのカメラマンさんだった。

そのカメラマンさんのブログには、自分が末期癌で、余命宣告を受けていることが赤裸々に語られていた。

後日、そのカメラマンさんともお会いした。

彼は、とても余命宣告を受けているとは思えないほど肩の力が抜けていて、ここでも、また話し込んだ。

彼らとの会話はとても気持ちが良かった。
気持ち良さの理由は分かっている。
彼らが選ぶ言葉のいちいちが、美しいのだ。

そこに怯えや迷いなどは見当たらなかった。
脇目も振らず
ただ、伝えたいことを、
今、伝えなければならないことを、
使わなければならない言葉を、
使わなくてもいい言葉を、
彼らは丁寧に取捨選択していた。

その言葉の羅列は、もはや機能美とも呼べる無駄の無さで、「友人の友人」という、知り合いでも何でもないボクの胸を貫いた。

彼らは生きることをまるで諦めちゃいないけど、しかし、最期の日も覚悟している。

自分が使える文字が、あと僅かかもしれないことを知っているんだ。

彼らが選んだ言葉を前にすると、自分が日頃、いかに不用意に言葉を選んでいるかを知る。

『レターポット』をリリースして1年。

ボクの元には1万件以上のレターが届いているけど、驚いたことに誹謗中傷は一件もない。

このインターネット全盛の世界で、ただの一件も誹謗中傷がないんだ。

キングコング西野に誹謗中傷が一件も届かないなんて異常事態だよ。

そこで知った。

ボクらは、使える文字数に制限があると、わざわざ誰かを傷つけるようなことに文字を割かない。

たとえばキミの手元に、あと20文字しか残っていなければ、キミはその文字を大切な人に贈るだろう。

元来、言葉は美しい。
言葉を汚している原因は、「文字」が無尽蔵に発行できてしまうことと、そこからくるボクらの甘えだと知った。

もしも言葉が消えるのなら。
もしも使える言葉が今夜無くなってしまうのなら、
ボクは誰に言葉を贈るだろう？
昨日、選んだ言葉は合っていたのかな？
レターポットを使うようになってから、そんなことを考えるようになった。

そして、何より嬉しかったのは、**「人間は、汚い言葉よりも美しい言葉を優先的に選ぶ生き物である」**ということが分かったことだ。

ボクにとってみればこれが一番嬉しい発見で、希望で、これからも人間にうつつを抜かして生きていきたいと思ったよ。

おわりに

キミは、お役所の仕事に不満はあるかな？
キミは、事なかれ主義の上司に不満はあるかな？
上への確認ばかりを繰り返して、まるで自分で責任をとる覚悟がないアイツらの動きはイチイチ遅い。
アイツらのせいで、キミはもとより、
キミが大切にしてる気持ちや、
キミの家族や仲間にまでシワ寄せがいく始末。
ホント、ムカつくよね？

ここで「はい」と答えたキミに訊きたいんだけど、
その環境は、なぜ変わらない？

なぜ、いつまでたってもキミや、

キミの大切にしているものが、
傷を負い続けている？
涙を飲み続けている？
その理由は一つしかない。

キミが弱いからだ。

極端な環境に身を投じることを避け続けた今のキミには、
力が備わっていない。
もしキミに守りたいモノがあるのなら、
キミ自身が強くなるしかない。
流れに振り回されない力さえ手にいれれば、
キミは、
キミが守りたいモノを守ることができる。

今、キミの目に映っているもの全てがこれまでの結果だ。

今この瞬間に「言い訳」と縁を切るんだ。

もう、情報は伝えた。
武器は渡した。
ここから先は頭で考えちゃダメだ。
「現実」というものは、
行動を起こしていない人間の想定を軽く超えてくる。
足を動かしていない人間が出す答えには何の価値もない。
考えるだけ身体が固くなる。無駄だ。
武器の使い方は、戦いながら覚えるんだ。
覚悟を決めるんだ。

少しだけでもいいから、挑戦して、
少しだけでもいいから、失敗から学んで、
少しだけでもいいから、傷を負って、
少しだけでもいいから、涙を流して、

少しだけでもいいから、想いを背負って、

強くなってください。

でもね、
キミが頑張れるサイズは決して見誤っちゃダメだ。
少しぐらいの無理は必要だけど、
続かない無理はやめた方がいい。
身体が保っても、気持ちが保たない場合がある。

挑戦して、
毎日めいっぱい殴られて、
悲鳴をあげることもままならなくなって、
キミの気持ちが壊れそうになったら、
その時は、逃げるんだよ。
なりふりかまわず逃げるんだよ。

逃げた先で、次の一手を考えればいい。
生きてさえいれば、必ずまたチャンスは巡ってくる。
まずは自分を懸命に守れ。
話はそれからだ。

今日は上手くいった？
それともドジっちゃった？
明日は今日よりも半歩だけ前に進めるといいね。
頑張ってください。
応援しています。
いつかキミが震えるほどの感動に出会えますように。

大丈夫。いけるよ。

西野亮廣

カバー撮影:TAKA MAYUMI
ヘアメイク:SUGO
ブックデザイン:末吉亮
文中写真:イシヅカマコト
表紙イラスト:『えんとつ町のプペル』(幻冬舎)より
SPECIAL THANKS:『西野亮廣エンタメ研究所』

新世界

2018年11月16日　第1刷発行
2021年2月20日　第4刷発行

著者…………西野亮廣
発行者………三宅明
発　行………株式会社KADOKAWA
〒102-8177
東京都千代田区富士見2-13-3
電話:0570-002-301(ナビダイヤル)

印刷・製本…凸版印刷株式会社

ISBN 978-4-04-896437-1　C0030
Printed in Japan

【お問い合わせ】
https://www.kadokawa.co.jp/(「お問い合わせ」へお進みください)
※内容によっては、お答えできない場合があります。
※サポートは日本国内のみとさせていただきます。
※Japanese text only